Monika Wieber

Sprachförder-Ideen
JAHRESZEITEN

Mit 44 Fotokarten
und vielen Spielaktionen zu jedem Bildmotiv

Ökotopia Verlag, Münster

Impressum

Autorin Monika Wieber
Lektorin Uta Koßmagk
Fotos Monika Wieber
Covergestaltung PERCEPTO mediengestaltung
Layout/Satz Hennes Wegmann
ISBN 978-3-86702-353-5

1. Auflage
© 2016 Ökotopia Verlag, Münster

Alle nicht als traditionell gekennzeichneten Lieder, Verse, Reime, Fingerspiele und Geschichten sind geistiges Eigentum von Monika Wieber und urheberrechtlich geschützt. ©

Bleiben Sie in Kontakt

www.oekotopia-verlag.de

Inhalt

Einleitung 4
· Sprachförderung als Bildungsauftrag 4

Die Arbeit mit diesem Ordner 6
· Allgemeines 6 · Methodisches und praktisches Arbeiten mit den Bildkarten 7 · Praxistipps zur Arbeit mit den Bildkarten 12 · Übersicht über alle Angebote nach Jahreszeiten 13

Fotokarten „Frühling", Bilder 1 – 11 17
· Weißstörche 20 · Jungtiere im Frühling 22 · Die Honigbiene 24 · Der Löwenzahn 26
· Frühlingsblumen 28 · Arbeit auf dem Feld 30 · Samenkörner 32 · Obstbäume 34 · Regen 36
· Ostern 38 · Erdbeeren 40 ·

Fotokarten „Sommer"", Bilder 12 – 22 41
· Marienkäfer 44 · Die Hummel 46 · Kühe 48 · Schnecken 50 · Schmetterlinge 52 · Getreide 54
· Getreideernte 56 · Obsternte 58 · Sonnenblumen 60 · Unwetter 62 · Sommerfreuden 64

Fotokarten „Herbst", Bilder 23 – 33 65
· Die Blindschleiche 68 · Zugvögel 70 · Herbstlaub 72 · Kartoffelernte 74 · Apfelernte 76 ·
· Nussernte 78 · Kastanien 80 · Herbstnebel 82 · Drachensteigen 84 · Halloween 86 · Sankt Martin 88

Fotokarten „Winter", Bilder 34 – 44 89
· Vogelfütterung im Winter 92 · Tiere im Winter 94 · Schwäne auf dem Eis 96 · Spuren im Schnee 98 · Schlittenfahren 100 · Schneemänner 102 · Advent 104 · Nikolaus 106
· Weihnachten 108 · Fastnacht, Fasching, Karneval 110 · Schneeglöckchen 112

Vertiefungsangebote für alle vier Jahreszeiten 113
· Frühling 113 · Sommer 124 · Herbst 135 · Winter 146

Anhang 157
Register 157
Literaturhinweise 159
Über die Autorin 159

Einleitung

Sprachförderung als Bildungsauftrag

Sprache umgibt uns ständig. Mit Hilfe der Sprache kommunizieren wir, treten in Kontakt mit unserer Umgebung, mit anderen Menschen, Tieren und auch mit Dingen. Mit Hilfe der Sprache teilen wir uns unsere Bedürfnisse, Wünsche und Anliegen mit. Über die Sprache werden Beziehungsmuster entwickelt und gepflegt. Sprache ist mit dafür verantwortlich, wie wir in eine Gesellschaft eingebunden sind, in welchem Umfang und in welcher Intensität wir daran teilnehmen, wie sich unser schulisches und berufliches Leben entwickelt. Sprache bestimmt somit den Lebensweg eines jeden Menschen.

Über die Sprache erschließen sich die Kinder ihre Welt. Lange bevor sie aktiv selbst sprechen können, nehmen sie die sie umgebende Sprache mit ihrer Sprachmelodie und ihren spezifischen Eigenheiten wahr und machen sich diese zu eigen. Je weiter dieser anfangs nonverbale Spracherwerb fortschreitet, desto stärker treten die Kinder mit ihren individuellen sprachlichen Kompetenzen mit ihrer Umwelt in Kontakt und kommunizieren in und mit ihr. Sie verbinden Ausdrücke und Worte mit Bildern, mit gegenständlichen Wahrnehmungen, mit Handlungen und mit eigenen Bedürfnissen, Wünschen und Befindlichkeiten. Die Kinder lernen immer besser, die momentane Sprache als Interaktionsmittel zu benutzen und einzusetzen. Sprache wird zum Ausdrucksmittel und verleiht Macht. Sie erweitert damit den eigenen Handlungsspielraum und wird zum Türöffner für weitere Aktionen und Entwicklungsschritte.

Mit zunehmender Mobilität erobert sich das Kleinkind mit seiner angeborenen Neugier und seinem Bewegungdrang über das motorische Begreifen der dinglichen Welt Stück für Stück seine Umwelt. Immer mehr Dinge und Handlungen werden bestimmten Worten zugeordnet und in dieser Bedeutung zuordnend und akzeptierend gelernt. Irgendwann kommt es dann durch diese wiederholte Verknüpfung von Bild/Handlung und gesprochenem Wort zu gespeicherten Begriffen und später zu Abstraktionen. Das wiederum führt zu den ersten Ansätzen des abstrakten Denkens.

Kinder leben und erleben ganzheitlich. Bei allem, was sie tun, sind sie mit all ihren Sinnen angesprochen und eingebunden. Sie sind **ganz** neugierig, fühlen sich **ganz** angesprochen, sind mit ihrer **gesamten** Aufmerksamkeit **ganz** im Geschehen gefangen. Der Begriff **„flow"** beschreibt diesen Zustand des kindlichen Aktivseins sehr treffend. Kinder hören ständig, riechen ständig, beobachten ständig. Kleinkinder stecken Dinge in den Mund, um sie zu erfahren. Kinder sind ständig mehr oder weniger motorisch aktiv. Alle ihre Sinne warten geradezu darauf, gefüttert zu werden. Sie begreifen, fassen an, probieren aus, werfen, rollen, rennen, gehen, hüpfen, springen und und und ... Alles was sie tun, begleiten sie in der Regel mit Lauten und Worten, erzählen zu ihrem Tun, kommentieren es oder singen dazu. Aktivität und Sprache gehören zusammen und sind ein alltäglicher Begleiter der Kinder.

Um diese Sprache zu lernen, ist das Kind auf die Unterstützung der Menschen in seiner Umgebung angewiesen. Sie dienen ihm als Modell für sein eigenes Lernen. Es braucht Menschen, die mit ihm sprechen, deren Sprache es hören und nachsprechen kann. Menschen, die mit ihm als Kind in einen wertschätzenden Dialog treten und von denen es diese sprachlichen Angebote auch annehmen kann. Die Unterstützung der kindlichen Neugier, die Wertschätzung seiner sprachlichen Ausdrucksmöglichkeiten, Akzeptanz und Anerkennung seiner kreativen und kindlichen Lösungsmöglichkeiten sind hierbei die Schlüssel, die die Tür zu einem gelingenden Spracherwerb öffnen. Das so erlernte Selbstvertrauen schafft ein positives Selbstwertgefühl, das wiederum zur mutigen Teilnahme an der Welt und ihrer Kommunikation befähigt. Die somit alltägliche, in den Tagesablauf des Kindes integrierte, spielerische, natürliche und situationsbedingte sprachliche Begleitung ist eine der besten Möglichkeiten zur weiteren kindlichen Sprachförderung.

Die gesprochene Sprache des Kindes ist bis zu einem gewissen Alter noch sehr individuell. Erst mit dem späteren Erlernen der Schriftsprache und der damit verbundenen Schriftzeichen wird der Spracherwerb

Einleitung
Sprachförderung als Bildungsauftrag

standardisiert. Mit diesem Erwerb der Schrift vollzieht sich ein neuer Schritt auf dem Weg der kindlichen Entwicklung. Symbole treten jetzt an Stelle des gesprochenen Wortes, die erkannt, gelernt und motorisch geschrieben werden müssen. Eine Handlung muss in diesem Alter nicht mehr direkt erlebt, sondern kann allein auf Grund der gedanklichen Vorstellung abstrakt erlebt und erfahren werden. Die Voraussetzung für abstraktes Lernen ist somit gegeben.

Sprachförderung nicht allein im familiären Bereich, sondern gezielt im Bereich der Elementarpädagogik, gehört seit dem wissenschaftlichen Nachweis der Bedeutung des frühkindlichen Spracherwerbs zu einem der wichtigsten Bildungsaufträge. Durch die sich immer früher in die öffentlichen Einrichtungen verlagerten Erziehungs- und Bildungsaufträge in der Kleinkindbetreuung und die Zunahme der Kinder mit anderen Erstsprachen, gewinnt dieser Förderaspekt eine immer größere Bedeutung. Sprache entscheidet darüber, wie weit und wie emotional gesichert wir in unsere Gesellschaft integriert sind. Sie entscheidet mit, wie wir uns bildungsmäßig unser schulisches Wissen aneignen und in der Lage sind, unsere Schriftsprache einzusetzen. Sie ist beteiligt an der Weichenstellung unseres weiteren Lebensweges.

Mit dem Begriff der „Literacy" ist der Bereich der sprachlichen Förderung in unserem heutigen Bildungssystem verankert. Damit werden die Bereiche der frühkindlichen Sprachförderungen mit ihren kurz- und längerfristigen Auswirkungen genannt, die nach unseren Bildungsvorstellungen von Bedeutung sind. Dabei geht es ganz gezielt um den Erwerb, die Pflege und die Förderung von Erfahrungen im Umgang mit Sprechen, Erzählen, Lesen und Schreiben in all seinen Facetten und Nuancen. Der freudvolle und positiv erlebte Umgang mit der Sprache als gehörtes oder als geschriebenes Wort in Bilderbüchern, Büchern, Liedern, Musicals, Hörkassetten in Form von Geschichten, Erzählungen, Märchen, Versen, Reimen, Fingerspielen, Liedern, Beschreibungen, Anleitungen usw. bietet umfassende und ganz natürliche Anlässe, diese Förderung mit praktischen Inhalten zu füllen.

Kindgerechte Sprachförderung beginnt mit der sprachlichen Begleitung seiner Aktivitäten durch den Erwachsenen. Das Kind nimmt den Erwachsenen in seinem Lernen als Vorbild, an dessen Sprachverhalten und Sprachgewohnheiten es sich orientiert. Mit dem Wissen um diese Vorbildfunktion ist es wichtig:

- selbst klar, deutlich und gegebenenfalls langsam zu sprechen und zu lesen
- in grammatikalisch und sprachlich richtigen Sätzen zu sprechen
- die sprachlichen Äußerungen der Kinder nicht mit „richtig" oder „falsch" zu bewerten, sondern lediglich in grammatikalisch korrekter Weise zu wiederholen (zu spiegeln)
- unbekannte Worte und Begriffe zu erklären
- den Kindern wertschätzend und anerkennend in ihrem entwicklungs- und umfeldbezogenem Sprachverhalten zu begegnen.

Überall dort, wo das Kind in seinem freudvollen Tun unterstützt, es angeregt und ihm die Freiräume gewährt werden, seine Neugier und seinen natürlichen Wissensdurst in der Auseinandersetzung mit der Welt zu befriedigen, kann das geschehen. Solche Anlässe können ihm gezielt geboten, durch eine anregende Gestaltung des kindlichen Umfeldes permanent bereitgestellt werden oder ergeben sich situationsspezifisch im Alltagsgeschehen. Das Kind macht seine Erfahrungen, fasst diese in Worte und der Erwachsene begleitet und ergänzt es dabei. Praktisch geschieht das beim:

- Erzählen von Erlebnissen
- Beschreiben von Ereignissen
- Erzählen und Zuhören von Geschichten, Märchen
- Ansehen, Erzählen und Erleben von Bilderbüchern
- Erfinden und Ausdenken von Geschichten
- Komponieren, Dichten und Reimen
- Experimentieren, Ausprobieren, Erfinden, Kreieren, Entdecken, Untersuchen
- Kochen und Backen
- bei Ausflügen, Besuchen, Begegnungen mit Neuem.

Ist dieses kindliche Sammeln von sprachlicher Erfahrung seitens des Erwachsenen durch einen wertschätzenden Austausch und die Akzeptanz der kindlichen Andersartigkeit, Kreativität und Originalität begleitet, wird es eine sehr erfolgversprechende Entwicklung sein. In dieses Geschehen kann sowohl die Muttersprache als auch eine oder mehrere Fremdsprache(n) eingebunden werden.

Ziel dieser Sprachförderung ist also:
- das freud- und lustvolle und zugleich entspannte Erleben von gesprochener, gehörter und geschriebener Sprache
- das Sammeln positiver Erfahrungen im Umgang mit Büchern, Bildern und Tonträgern

- das Erreichen einer allgemeinen und altersbedingten Sprech- und Sprachfähigkeit des Kindes
- das Einbetten dieses Geschehens in eine Atmosphäre des Angenommen- und Geborgenseins.

Bildkarten, wie Sie sie hier in diesem Praxis-Ordner finden, regen als Medium zum Sprechen an. Sie motivieren, das Gesehene sprachlich zum Ausdruck zu bringen, darüber zu reden und eigene Erfahrungen in Beziehung dazu zu bringen. Umgekehrt können Bildkarten durch genau diesen Aufforderungscharakter gezielt zur Sprachförderung eingesetzt werden.

Die Arbeit mit diesem Ordner

Allgemeines

Der hier vorliegenden Praxis-Ordner soll Sie dazu anregen, mit den Kindern gemeinsam Einblicke in die Natur mit ihren Abläufen und den typischen Erscheinungsbildern im sich wiederholenden Zyklus des Jahreskreises zu sammeln. Im Vordergrund dieser Auseinandersetzung stehen dabei die 48 großformatigen Fotokarten zu den vier Jahreszeiten (s. ab S. 17), die mit ihrer aussagekräftigen Bildsprache die Jahreszeiten buchstäblich in die Räume holen. Sie lassen erahnen und zeigen, wie vielseitig und anregend jede Jahreszeit mit ihren Farben, Formen, ihren zu erahnenden Gerüchen, ihren Geschmäckern und ihren Berührungen sein kann:
„Wie riechen die ersten Frühlingsblumen?"
„Wie schmecken die reifen Kirschen vom Kirschbaum?"
„Wie riecht die frische Erde, aus der gerade die Kartoffeln ausgegraben wurden?"
„Wie kalt fühlt sich das Wasser im Winter an, auf dem die Gänse und Schwäne schwimmen?"
Alleine die Bildbetrachtungen lösen, verbunden mit bestimmten Fragen, Vorstellungen aus und machen neugierig auf die Realität, die es zu erleben und zu überprüfen gilt.

Jede Jahreszeit bietet unzählige Möglichkeiten, neue Dinge kennenzulernen und Erfahrungen dazu mit allen Sinnen zu erleben. Manche Jahreszeiten begrüßen wir mehr, andere etwas zurückhaltender. Kinder stehen diesen Haltungen ursprünglich wesentlich unvoreingenommener gegenüber. Regenwetter, Pfützen und Matsch sind für sie genauso interessant wie Sonnenschein und trockener Sand.

Die vorliegenden Anregungen und Vorschläge zur Einbindung der Kinder in die einzelnen Bildkartenthemen sind so gestaltet, dass sie sowohl im Innenbereich der Kita als auch in der freien Natur umgesetzt werden können. Sollten Sie nicht, so wie vorgeschlagen, in die Natur hinausgehen können um dort zu entdecken und zu forschen, holen Sie die Natur in Ihre Einrichtung hinein. Lassen Sie sich dabei von den Eltern und anderen Helfern unterstützen und begleiten. Außerdem hat jede Kita mehr oder weniger die Möglichkeit, die Jahreszeiten in ihrem noch so kleinen Außengelände zu erleben.

Die Bildkarten bieten Kindern und den sie begleitenden Erwachsenen eine Vielfalt an kreativen Möglichkeiten, sich sowohl sachbezogen, kognitiv, motorisch als auch emotional-kreativ und musisch den Themen der vier Jahreszeiten zu nähern und damit auseinanderzusetzen. So kann diese vielseitige und an praktischen und umsetzbaren Beispielen aufgezeigte lustvolle Auseinandersetzung in kindgerechter, erlebnisorientierter und auf alle Sinne mit einschließende Weise stattfinden.
Die Vermittlung von Sachinformationen zu den vier Jahreszeiten und die Förderung der kindlichen Sprachkompetenz sind die primären Zielsetzungen des vorliegenden Arbeitsmaterials. Dies geschieht in den unterschiedlichsten Spiel- und Lernsituationen in Form von Sprechspielen, Fingerspielen, Versen, Reimen, Bewegungs- und Kreisspielen, Geschichten, Liedern und Tänzen, Stimm-, Klang-, Geräusch- und Bewegungsimprovisationen, Instrumentalspiel, Körperübungen, kreativem Malen und Gestalten, Naturbegegnungen, Experimenten und Ausflügen.

Das Jahr mit seinem immer wiederkehrenden Rhythmus, dem Kommen und Gehen der vier Jahreszeiten, den Veränderungen, die damit in der Natur und auch mit uns Menschen einhergehen und somit den Kreislauf des Lebens offensichtlich werden lassen, bieten Anlass zum Staunen. So sind auch Kinder durch ihre direkte Betroffenheit in diesen Zyklus eingebunden und erleben ihn unmittelbar. Zu vielen Dingen, die in diesem alltäglichen Ablauf der jahreszeitlichen Veränderungen stattfinden und die wir als selbstverständlich hinnehmen, fehlt uns jedoch oftmals durch die sich wandelnden Lebensformen immer mehr der Bezug.

Die Beziehung zur Natur und den natürlichen, auch für unser Leben so wichtigen Abläufen, geht uns immer mehr verloren, je mehr wir uns diesen Vorgängen entfremden.

Umso wichtiger ist es, diese ursprünglichen und natürlichen Wege mit den Kindern wieder zu gehen und sie dabei Erfahrungen machen zu lassen, die sie immens bereichern.

Methodisches und praktisches Arbeiten mit den Bildkarten

1. Die Arbeit mit der einzelnen Bildkarte

Insgesamt 48 großformatige Bildkarten aus dem Jahreskreis, eingebettet in den Ablauf der vier Jahreszeiten, bilden als Abbildungen der realen und erlebten Welt die Grundlage für das vorliegende methodische Arbeits-Set. Die thematisch ausgewählten Bilder zeigen jeweils 12 typische, den einzelnen Jahreszeiten zugeordnete Motive, Szenen und Situationen: Wettererscheinungen, Veränderungen in der Tier- und Pflanzenwelt, Menschen in ihrem jahreszeitlichen Verhalten, Feste im Jahreskreis. Bei der Zusammenstellung dieser Bildmotive wurde bewusst darauf geachtet, den natürlichen und ursächlichen Lebensraum des Kindes mit einzubeziehen, aber auch gleichzeitig Situationen aufzeigen, die dem Kind unbekannt sind und auf den ersten Blick befremdlich erscheinen. Der Blick richtet sich dabei auf alltägliche, bekannte aber oftmals nicht näher beachtete Situationen. Das Kind als Betrachter entdeckt Vertrautes aber auch gänzlich Neues, da das so direkt und nah auf das Bild gebannte Motiv manchmal ungewohnt und irritierend erscheinen mag. Oder es entdeckt beim Betrachten gänzlich neue Dinge, die ihm in dieser bildhaften Form und Nähe vorher in seinem Lebensumfeld noch nicht begegnet sind. Diese Mischung von Bekanntem und Unbekanntem als auch der Blickwinkel der Aufnahme wecken die Neugier des Kindes und sprechen es mit seiner Bildsprache an.

„Was ist da eigentlich genau abgebildet?
Was gibt es da zu sehen?
Was versteckt sich dort?"

sind Fragen und Aufforderungen, die sich an die Neugier des betrachtenden Kindes richten und es motivieren, mit den „Augen in dem Bild zu stöbern".

In der folgenden Arbeit mit den Bildkarten liegt das Augenmerk darauf, die Kinder die abgebildeten Situationen auf der Bildkarte, als auch diese übertragen in der Realität lebendig, freudvoll und emotional positiv besetzt erleben zu lassen. Es ist wünschenswert, die Kinder die Bilder und deren Inhalt in wirklichen Erlebnissen be-greifen und eigene, persönliche Erfahrungen damit sammeln zu lassen. Erst wenn ein „Objekt", eine Darstellung in seiner Bedeutung erlebt, begriffen und erfahren wird, wird es zu einem abstrakten „Begriff" und kann als solcher weiter als Wort in seiner Bedeutung und sinnbezogenen Zuordnung verwendet werden. Für die praktische Umsetzung und das Arbeiten mit den Bildkarten heißt das, so viel wie möglich die Bilder zu erleben: im Raum, in der Kita, in der Natur, in der Situation, in der die Fotografien entstanden sind, oder in einem neuen, ähnlichen oder anderen Umfeld. Es bedeutet auch, Materialien bereitzustellen, Impulse und Hilfestellungen zu geben, um alte Erfahrungen zu festigen und neue zu ermöglichen. Es gilt, die natürliche Neugier und den Wissensdurst der Kinder als Ressource zu nutzen, sie als kreative Forscher in die Planungen und Gestaltungen mit einzubeziehen, ihnen Gelegenheit zu geben, gemäß ihren Fähigkeiten auf ihre individuelle Art und Weise die Welt in dem vorlie-

Die Arbeit mit diesem Ordner — Methodisches und praktisches Arbeiten mit den Bildkarten

genden thematischen Kontext zu erforschen. Die Bildkarten geben somit Impulse und bilden Prozessanstöße für weitere Arbeitsschritte. Dies kann sowohl in Klein- oder Großgruppen als auch in der Arbeit mit einem Kind allein geschehen.

Jede der 48 Bildkarten bildet in sich eine geschlossene thematische Einheit und ist in den Kontext des Jahreskreislaufes gestellt. Dadurch laden 48 unterschiedliche Themen aus dem Jahreskreis zur Auseinandersetzung ein. Jedes Bildmotiv kann somit zum eigenen Projekt, zur individuellen Lernsituation in unterschiedlicher Intensität gemeinsam mit den Kindern (und Eltern) gestaltet, erlebt und bearbeitet werden. Die Ausgangssituation ist mit dem Foto auf der Bildkarte immer präsent und steht permanent zur Verfügung. Als erstes gilt es, beim Betrachten des Bildes mit den Augen die Bildinformation aufzunehmen. Manchen Kindern ist dieser Schritt schon ausreichend - Ziel ist es jedoch, das, was das Kind sieht und dabei erlebt, mithilfe der Sprache zum Ausdruck zu bringen. Dabei vollziehen sich zwei Prozesse:
- Es findet eine Kommunikation mit anderen Kindern und/oder Erwachsenen statt.
- Das Kind gibt durch diese Kommunikation etwas von sich preis; es bringt etwas ganz Persönliches zum Ausdruck.

Allein dadurch macht das Kind sehr wichtige und elementare Erfahrungen:
- Das Sprachvermögen bestimmt sowohl die Art und Weise als auch den Umfang, wie es sich in dieses Geschehen einlässt. Dabei kann es sich neue Wörter und neues Sprachverhalten aneignen.
- Es werden darüber hinaus Wissens- und Sachinhalte vermittelt.
- Es sammelt auf diesem Weg Erfahrungen im sozialen, kognitiven, emotionalen und kreativen Bereich. Dieses Lernen geschieht auf eine lebendige, lustvolle, alters- und entwicklungsspezifische kreative Art und Weise.

Die auf diesem Weg gemachten Erfahrungen sind sehr umfassend und vielseitig. Jede Bildkarte macht neugierig und motiviert zum:
- genauen Hinsehen,
- Beschreiben und Erzählen des Gesehenen,
- Entdecken und Benennen von bekannten und/oder neuen Dingen und Situationen,
- Erinnern an eigene Erlebnisse und Erfahrungen,
- Herstellen von Beziehungen,
- Vergleichen mit anderen Bildern,
- Entdecken und Benennen von Farben, Formen, Mengen und Größen,
- Wahrnehmen und Benennen der eigenen Gefühle, Wünsche und Bedürfnisse, die durch die Bildbetrachtung entstehen oder ausgelöst werden,
- Fantasieren und kreativen Erfinden von Geschichten, Versen, Reimen u.a.,
- Einbeziehen der Bildkarte in weitere Aktivitäten (s. 2., 3. und 4. ab Seite 9).

Hilfreich bei dieser Bildbetrachtung sind die sogenannten **„W-Fragen"**: Einfache „W"-Fragen für das jüngere Kind sind: *„Wer?", „Was?", „Wo?", „Wie?"* Weitere „W"-Fragen für ältere Kindergartenkinder sind: *„Warum?", „Weshalb?", „Weswegen?".*

Ein Bild kann neben dem Betrachten auch erlebt werden. Um die Bildbetrachtung nicht einseitig und zu kopflastig werden zu lassen, kann sie aktiv und erlebensorientiert gestaltet werden. Das heißt, das Bewegungsbedürfnis und die Fantasie sowie das magische Denken der Kinder in diesem Alter kann mit in das Erleben und in die aktive Bildbetrachtung einbezogen werden. Die Abbildungen können von den Kindern in spielerischer Form mit allen Sinnen dargestellt, erlebt und nachgespielt werden. Die Bilder können akustisch gestaltet, mit Geräuschen und Musik unterlegt werden, Gefühle und Empfindungen, die beim Betrachten entstehen, können z.B. durch eine Farbe oder durch Klänge sichtbar gemacht werden. Akustische (hören), taktile (greifen, tasten), gustatorische (schmecken) und olfaktorische (riechen) Wahrnehmungen können in diese Aktivitäten mit einbezogen werden.

„Was könnte auf dieser Bildkarte zu hören, tasten, fühlen, riechen, schmecken sein? Und wie kann ich das real erleben?" sind Impulsfragen, die zu Aktivitäten führen, die diese Bereiche einbeziehen. Die Abbildung kann Anlass für eine neu zu erfindende Geschichte sein oder gestalterisch-kreativ in Malereien einen neuen Ausdruck erleben.

2. Das Arbeiten mit den Sachinformationen und der verbal-emotionalen Ansprache des Kindes auf der Kartenrückseite

Jede Bildkartenrückseite ist in zwei Rubriken unterteilt. In der ersten Rubrik werden themenbezogene Sachinformationen gegeben. Unter dem Stichwort „Gut zu wissen" finden sowohl die Erwachsenen als auch die Kinder kurze, kindgerechte Sachinformationen zum Bildinhalt der Vorderseite. Mit dieser Rubrik wird primär der kognitive Förderbereich angesprochen. Diese Informationen sind jedoch auf das Wesentliche beschränkt. Das wiederum bietet das Potential für weitere Aktivitäten und Recherchen, in die die Kinder und ihre Eltern einbezogen werden können. Mithilfe der zeitgemäßen Medien kann dazu weiteres Fachwissen zusammengetragen werden. Eine große Ressource dafür bilden die Interessen, Hobbys und beruflichen Qualifikationen aus der Elternschaft. Gemeinsam kann daraus ein eigenes „Kindergartenlexikon" entstehen. Auch das Sammeln und Aufbereiten dieser Fakten kann wiederum sehr freudvoll und erlebnisorientiert gestaltet werden. Die zweite Rubrik beinhaltet eine themenbezogene, verbal-emotionale Ansprache des Kindes und deckt folgende Förderbereiche ab:

  Reime, Gedichte, Geschichten und Geschichten erfinden

  Lieder

  Entspannungsgeschichten

  Sprachspiele

  Bewegungsspiele

  Fingerspiele

  Instrumentalspiele

  Rhythmische Spiele

  Malen, Basteln, Gestalten, Mandalas legen

  Kreisspiele und Tänze

  Naturbeobachtungen/Kleine Forscher

  Gut zu wissen

Diese sind jeweils mit dem dahinter abgebildeten Symbol entsprechend gekennzeichnet.
Bei dieser verbal-emotionalen Ansprache geht es primär darum, von der rein kognitiven Ansprache aus dem Bereich „Gut zu wissen" zu einer kindgerechteren, emotionalen, bewegungs- und themenbezogenen Ansprache zu kommen, bei der die Sprache als Ausdrucksmittel erst einmal im Vordergrund steht. Gleichwohl werden mit diesen Sprach- und Wort-Kreationen Wissens- und Lerninhalte vermittelt, die jetzt jedoch die Erlebniswelt des Kindes auf einer ganz anderen Ebene ansprechen.
Dieses „Spielen mit der Sprache" bezieht immer Bewegung mit ein. Sprache an sich ist immer Bewegung. Sprachmelodie und -rhythmus, Sprechtempo und Lautstärke sind Bewegungsformen, deren wir uns bei unserem alltäglichen Sprechen nicht bewusst sind. Diese sprachlichen Bewegungsformen kommen jedoch dem Kind in seinem motorischen Bewegungsdrang entgegen und können gemeinsam für ein kindgemäßes Arbeiten genutzt werden. In dieser Form haben alle hier angebotenen sprachlichen Werke immer den Aspekt der Bewegung dabei: Bewegung mit der Stimme, mit dem Körper am Platz, im Raum, alleine oder in der Gruppe.
Dadurch erfährt das Lernen eine lustvolle Lebendigkeit, die kindgemäß, ansprechend und motivierend ist. Darüber hinaus können auch all diese vielfältigen und bewusst die unterschiedlichsten Sprechformen mit einbeziehenden Spiel- und Gestaltungsvorschläge ergänzt und ausgebaut werden. Die sprachlich-verbalen Anregungen auf jeder Bildkartenrückseite werden somit wieder in erlebnisbezogene Selbsterfahrungen eingebunden.

3. Das erlebnisbezogene Arbeiten mit emotionaler Einbindung in die thematischen Inhalte der Bildkarten

Zur weiteren Vertiefung und emotionalen Verankerung und um die ganzheitliche Einbindung des Kindes in die Arbeit mit den vorliegenden Bildkarten abzurunden, gibt es einen 3. Arbeitsschritt, der weitere Vorschläge, Anregungen und Aktivitäten zu den einzelnen Bildkartenthemen gibt. Sowohl bei den Bildbetrachtungen als auch bei den Aktivitäten mit den vorgeschlagenen Inhalten der Bildkartenrückseiten stand bereits die ganzheitliche Ansprache und Einbindung des Kindes in die einzelnen Themen im Vordergrund. In dem Kapitel *„Vertiefungsangebote"* (s. ab Seite 113) wird diesem Anliegen nochmals vermehrt Raum gegeben. Es ist wünschenswert, alle abgebildeten Darstellungen in ihrem natürlichen Umfeld mit allen Sinnen ganzheitlich und kindgerecht zu erleben, zu erfahren und erforschen zu lassen sowie ganzheitliche Sprach- und Handlungsmotivationen zu schaffen.

Mit den in diesem Kapitel gezeigten Anregungen und Beispielen werden sowohl bekannte Themen aufgegriffen, als auch durch neue und unbekannte ergänzt. Bereits gemachte früheren Erfahrungen des Kindes werden reaktiviert, hinterfragt und/oder in einen neuen Kontext gestellt. Es wird ausprobiert und experimentiert. Alles kann mit Hilfe der Sprache definiert, beschrieben und erklärt werden. Der Prozess des Erlebens, Sehens, Beschreibens, begrifflichen Bestimmens, Verknüpfen von Handlung und Wort führt somit spielerisch über das Zuhören, Selbst sprechen, Nachdenken zu neuen sprachlichen und gedanklichen Weiterentwicklungen.

So finden Sie Anregungen aus dem emotionalen, kognitiven, sozialen, kreativ-musischen, motorischen und die sinnliche Wahrnehmung betreffenden Förderbereich. In diesem Rahmen ist auch bewusst das traditionelle Liedgut als Teil unseres kulturellen Erbes einbezogen.

Mit diesen Anregungen möchte ich Beispiele geben, wie vielseitig und lebendig mit den Bildkarten gearbeitet werden kann. Primär sind diese Beispiele als Impulse gedacht, mit denen Aktivitäten angestoßen werden, die sich wiederum durch neugieriges und wissbegieriges Agieren der Kinder verselbständigen können. Indem den Kindern ein gewisser Freiraum für ihr Tun gewährt wird, ihnen Materialien und Hilfsmittel zur Verfügung gestellt werden und auf ihre Neugier, ihren Wissensdrang, ihre Kreativität und Originalität vertraut wird, steht sowohl der Weg als auch das Ziel im Fokus des Arbeitens. Dabei kann die sogenannte „**NIKO**-Haltung" seitens des begleitenden Erwachsenen sehr hilfreich sein:

N - NEUGIER der Kinder als Ressource sehen
I - INDIVDUELLE Lösungsvorschläge der Kinder willkommen heißen
K - KREATIVITÄT als Bereicherung und Vermehrung von Optionen ansehen
O - OHNE Leistungsdruck

Alle Beispiele auf den Praxisseiten sind Vorschläge und Anregungen. Aus Platzgründen ist es nur möglich, exemplarische Beispiele der verschiedenen Aktivitäten vorstellen. Das sollte Sie jedoch nicht daran hindern, diese abgewandelt auf andere Bildkarten mit ihren thematischen Inhalten zu übertragen oder durch eigene Ideen das Tun zu bereichern.

Die lebendige Auseinandersetzung mit den Inhalten der Bildkarten, so wie sie in **„Die kleinen Forscher"** geschieht, sollte so oft wie möglich am Beginn einer jeden weiteren Beschäftigung mit dem abgebildeten Bildinhalt stehen. „Die kleinen Forscher" erscheinen hier beispielhaft und exemplarisch, können jedoch jederzeit nach dem gleichen Schema auf ein anderes Thema oder Projekt übertragen werden.

Ausflüge, Spaziergänge, Besichtigungen, Exkursionen bieten weitgefächerte Einsatzmöglichkeiten für die aktive Erlebensform an.

Entspannungs- und Massagegeschichten können gleichfalls auf andere Situationen und Themen übertragen werden.

Freie Erlebnis-, Kreis- und Bewegungsspiele können aus fast jeder Situation abgeleitet und einbezogen werden.

Kreatives Malen, Werken und Mandalas legen mit den unterschiedlichsten Papieren, Farben und Materialien bietet sich für die verschiedensten Themen an.

Lieder und Singspiele können in die Bildkartenthemen einbezogen, ausgebaut und auch neu kreiert werden.

Traditionelles Liedgut und Geschichten sind eine immense Fundgrube für alle Themenbereiche in diesem Ordner.

Die Arbeit mit diesem Ordner   Methodisches und praktisches Arbeiten mit den Bildkarten

- Mit den körpereigenen Instrumenten Klatschen, Patschen und Stampfen können Verse, Reime, Sprechspiele und Lieder sowie andere Texte begleitet und rhythmisiert werden.
- Lassen Sie Kinder einfache Verszeilen singen oder singen Sie diese und schon haben Sie eine einfache Melodie.
- Aus einfachen Bewegungen lassen sich mit den Kindern zu einer Melodie einfache Tanzfolgen entwickeln.
- Sind Orffinstrumente vorhanden, können diese in einfache rhythmische oder improvisatorische Lied-, Klang- und Geräuschbegleitungen einbezogen werden.
- Zu jeder hier gezeigten Bildkarte lassen sich Geschichten erfinden.
- Mit etwas Übung werden Kinder zu Dichtern von einfachen Reimen und Versen.

4. Das gleichzeitige Arbeiten mit mehreren Bildkarten

Alle vorliegenden Bildkarten können, wie bereits beschrieben, einzeln mit den Kindern unter den unterschiedlichsten Gesichtspunkten zum Einsatz kommen. Sind die Bildkarten den Kindern bekannt, bietet es sich an, mit mehreren oder allen Bildkarten gleichzeitig zu arbeiten und diese in Spiel- und Arbeitssituationen einzubinden. Dazu möchte ich im Folgenden einige Anregungen geben.

Lieblingskarten finden
Alle Karten liegen ausgebreitet auf dem Boden:
„Wir gehen zwischen den Karten herum und schauen uns dabei die Karten an. Sucht euch jetzt die Karte aus, die euch am besten gefällt. Merkt euch eure Karte." Jedes Kind führt anschließend die Gruppe zu seiner Lieblingskarte. Dort kann es erzählen, warum es diese Karte ausgesucht hat.

Sortieren nach Themengruppen
Dazu liegen alle Karten ausgebreitet auf dem Boden.
Spiel mit den Themengruppen: „Wer findet eine Blumen-, Tier-, Wetterkarte (usw.)?", „Wer kennt die Abbildung?", „Wer kann dazu etwas erzählen?"
Spiel mit den Abbildungen: „Wer findet eine Karte, auf der etwas abgebildet ist, das man essen kann, das lebt, das wächst, das kalt ist, das warm ist, nass ist (usw.)".

Spiele zum Erlernen der Farben, Formen, Zahlen und Mengen
Die Bildkarten liegen, z. B. im Bewegungsraum, verteilt auf dem Boden. Nach dem Metrum der Handtrommel gehen die Kinder zwischen den Karten herum. Ertönt ein lauter Schlag, stellt die Spielleitung eine Aufgabe: "Findet eine Karte mit blauer (roter, gelber, grüner ...) Farbe", "Erzählt, was auf dieser Karte blau ist usw.", "Findet eine bestimmte Karte mit drei Tieren, zwei Äpfeln, einem Nest usw.", „Findet eine Karte, auf der 1, 2, 3, 4, 5 Dinge abgebildet sind und erzählt, was ihr gefunden habt.", „Findet eine Karte auf der wenige Dinge, viele Dinge und sehr viele Dinge zu sehen sind".

Ratespiele und Kinderquiz
→ „Jahreszeiten-Kreise" mit Seilen legen: Je einen Seilkreis für Frühling, Sommer usw. Die Kinder sortieren die Bildkarten anschließend den richtigen Seilkreisen zu: „Welche der Abbildungen gehören in den Frühling?", „Wie heißt die Jahreszeit, wenn die Kirschen reif sind?"
→ Ein Kind errät die falsche Bildkarte: Dazu wird jeweils eine Bildkarte aus einem Jahreszeitenkreis in einen anderen Jahreszeitenkreis gelegt. Das „Ratekind" muss erraten, welche Bildkarte in dem falschen Jahreszeitenkreis liegt.
→ Ein Kind sucht sich eine Bildkarte aus und hält sie so, dass die anderen Kinder die Abbildung nicht sehen. Jetzt beschreibt es das abgebildete Bild und die anderen Kinder sollen erraten, was die Abbildung zeigt.
→ Die Kinder sitzen im Kreis: Ein Kind beginnt mit dem Kofferpackspiel und packt symbolisch in seinen Koffer eine Bildkarte ein, indem es die Bildkarte benennt und die Karte vor sich auf den Boden legt: „Ich packe meinen Koffer und ich nehme zwei Äpfel mit." Das nächste Kind fährt fort, in dem es den Begriff der vorherigen Abbildung wiederholt und selbst eine neue Karte dazu holt und diese einpackt: „Ich packe meinen Koffer und ich nehme zwei Äpfel und die Erdbeeren mit". Erschwerend das Spiel mit verdeckten Bildkarten spielen und die Kinder die vorherigen Karten aus dem Gedächtnis memorieren lassen.
→ Ein Kind sucht eine Karte aus, stellt die Abbildung pantomimisch und mit Geräuschen dar. Die anderen Kinder erraten, um welche Karte es sich handelt.

Rhythmisch-musikalische Spiele
Die Namen der Tiere und Pflanzen auf den Karten werden rhythmisiert, d.h. entsprechend ihrer Wortsilben geklatscht:
→ Alle Bildkarten liegen auf dem Boden des Bewegungsraumes verteilt, jedes Kind hat ein paar Klanghölzer oder einen Kochlöffel. Bei einem Bildkartenspaziergang gehen alle gemeinsam zu den einzelnen Karten, sprechen den Namen und klatschen/klopfen dabei entsprechend der Silbenanzahl. Für jede geklatschte/geklopfte Silbe wird eine Papierscheibe/ein Bierdeckel neben die Karte gelegt, z.B.: Scha-fe = o-o (2 Schläge).
→ Bildkarten können nach der Anzahl ihrer Silben in Reihen geordnet werden: z.B. die Reihe der Bildkarten mit 2 Silben: Äp-fel, Schwä-ne, Scha-fe ... (3, 4, 5, Silben).
→ Mit den Bildkarten können so rhyhtmische Klopfreihen entstehen, z.B. Scha-fe, (2) Schmet-ter-ling, (3) Stör-che (2) = o-o, o-o-o, o-o.

Geschichten erfinden
→ Mit ausgewählten Bildkarten „Und dann?-Geschichten" oder Tier-, Wetter-, Frühlingsgeschichten usw. erfinden.
→ „Quatschgeschichten" mit vier, fünf oder mehr beliebig ausgewählten Bildkarten ausdenken.

Erlernen von Buchstaben und Worten
→ Zu jeder Bildkarte ein Namenskärtchen mit dem Wort des abgebildeten Begriffs schreiben. Bild und Wort in einem Spiel zusammenfügen.
→ Buchstaben des eigenen Namens mit den Buchstaben der Namenskärtchen vergleichen.
→ Mit einzelnen Buchstabenkärtchen die Namen der Begriffe legen.
→ Namen und Bezeichnungen in Silben zerlegen und diese als Ratespiel wieder zusammenfügen.

Praxistipps zur Arbeit mit den Bildkarten

→ Die hier dargestellten Praxisbeispiele sind so konzipiert, dass sie sowohl jüngere als auch ältere Kindergartenkinder ansprechen. Bitte stimmen Sie die Aufgabenstellungen so ab, dass sie dem Alters- und Entwicklungsstand Ihrer Kinder entsprechen.
→ Bei Spielen, Kreis-, Bewegungsspielen und Tänzen immer alle Kinder mit in die Aufgabenstellungen einbeziehen. „Inaktive Wartezeiten" lassen die Aufmerksamkeit schwinden.
→ Die zu behandelnden Themen sollten den Kindern bekannt sein, bzw. erklärt, angekündigt und vorgestellt werden. Unbekannte Begriffe und Techniken zuvor erklären.
→ Ein erklärendes, einleitendes, kindgerechtes Gespräch sollte zu Beginn einer jeden Aktion stehen.
→ Vor jedem kreativen Tun zusätzlich Bilder und Gegenstände zur kreativen Anregung hinzuholen.
→ Beim kreativen Malen zu großflächigem Malen anregen („Größer als es in Wirklichkeit ist").
→ Die eigenen Ideen der Kinder respektieren und arbeitstechnische Hinweise geben.
→ Ausreichend Zeit für die Ausführungen lassen.
→ Bei Sprechspielen selbst langsam und deutlich sprechen.

→ Technische Mittel wie Lupen, Fotoapparate, Mobiltelefone, Drucker, Scanner, Kopierer einsetzen. Overheadprojektoren sowie das Internet mit seinen Möglichkeiten nutzen.
→ Ergebnisse der Öffentlichkeit zugänglich machen:
   - in Ausstellungen in der Kindergartengalerie
   - in Portfolios
   - im eigenen Kindergartenlexikon „Die schlauen Füchse"
   - als Übersetzungen in die verschiedenen Sprachen der Kindergartenkinder
→ Alle Unternehmungen und Aktivitäten gemeinsam mit den Eltern und Beziehungspersonen der Kinder durchführen. - Eltern als Ressource sehen.
→ Nicht werten mit „richtig" oder „falsch".
→ Ohne Leistungsdruck arbeiten.
→ Auch der Weg ist das Ziel!

Dies alles sind nur einige Anregungen, wie Sie mit den Bildkarten und dem vorliegenden Ordner arbeiten können. Ihrem Mut und Ihrer Kreativität ist es überlassen, in welcher Form und wie umfangreich Sie sich darauf einlassen. Seien Sie mutig! Ich wünsche Ihnen viel Freude dabei.

Ihre Monika Wieber

Übersicht über alle Angebote nach Jahreszeiten

FRÜHLING

Thema	Förderbereich	Seite
Weißstörche		
Herr und Frau Klapperstorch	Sprechspiel mit Instrumenten	20
Störche auf der Wiese	Bewegungsspiel	113
Jungtiere im Frühling		
Aufgewacht!	Sprech- und Bewegungsspiel	22
Kleines Schäfchen, ruh dich aus!	Entspannungsmassage	114
Die Honigbiene		
Das Bienchen und die Blüte	Spiellied	24
Die kleine Biene sum, sum, sum	Bewegungsspiel	115
Die kleine Biene ruht sich aus	Entspannungsgeschichte	115
Der Löwenzahn		
Löwenzahn, Löwenzahn …	Klangimprovisation	26
Die kleinen Forscher: Löwenzahndetektive	Naturbeobachtungen/Wissen	116
Der Riesenlöwenzahn	Kreatives Schaffen	116
Frühlingsblumen		
Bunte Frühlingsblumen	Bewegungsspiel im Kreis	28
Der Frühlingszwerg und die Frühlingsblumen	Wortspiel	117
Riesenblumen	Kreatives Schaffen	117
Arbeit auf dem Feld		
Im Märzen der Bauer	Lied	30
Die kleinen Forscher: Erddetektive	Naturbeobachtungen/Wissen	118
Malen mit Erdfarben	Kreatives Schaffen	118
Samenkörner		
Das kleine Samenkorn	Sprech- und Fingerspiel	32
Die kleinen Forscher: Samendetektive	Naturbeobachtungen/Wissen	119
Samen aussäen	Naturbeobachtungen/Wissen	119
Obstbäume		
Obstbäume	Sprech- und Bewegungsspiel	34
Die Biene Isabella	Geschichte	120
Bienen und Blüten	Entspannungsspiel/Pinselmassage	120
Regen		
Lauter Regentropfen	Klangimprovisation	36
Die bunten Regentropfen	Geschichte	121
Buntes Regentropfen-Bild	Kreatives Schaffen	121
Ostern		
Ein kleiner Osterhase	Sprech- und Spielvers als Kreisspiel	38
Zappelhase Valentin	Geschichte	122
Valentin, der Ostereier-Zauberer	Geschichte erfinden	122
Erdbeeren		
Erdbeeren	Lied/Bewegungsspiel	40
Die kleinen Forscher: Erdbeerdetektive	Naturbeobachtungen/Wissen	123
Erdbeeren, Erdbeeren …	Sprechspiel	123

Die Arbeit mit diesem Ordner | Übersicht über alle Angebote nach Jahreszeiten

SOMMER

Thema	Förderbereich	Seite
Marienkäfer		
Käfer Friedrich	Sprechvers/Bewegungsspiel	44
Die kleinen Forscher: Marienkäferdetektive	Naturbeobachtungen/Wissen	124
Die Marienkäferversammlung	Kreatives Schaffen	124
Die Marienkäfer	Geschichten erfinden	124
Die Hummel		
Was können Hummeln?	Sprech-/Fragespiel	46
Der Hummeltag	Sprechvers/Bewegungsspiel	125
Die kleine Hummel	Entspannungsgeschichte	125
Kühe		
Der flotte Kuh-Tanz	Tanzspiel	48
Ochse, Stier oder Bulle?	Naturbeobachtungen/Wissen	126
Ich wär so gern ...	Kreisspiel-Lied	126
Schnecken		
Schneckentraum	Bewegungs-und Rhythmusspiel	50
Schneckentalente	Bewegungsspiel	127
Bunte Schneckenhäuser	Kreatives Schaffen	127
Schmetterlinge		
Der kleine Falter	Bewegungsspiel	52
Schmetterling, du kleines Ding	Tanzspiel	128
Die kleinen Forscher: Schmetterlingsdetektive	Naturbeobachtungen/Wissen	128
Zauberschmetterlinge	Geschichte erfinden	128
Getreide		
Getreidesorten	Rhythmisches Sprachspiel	54
Roggen, Gerste, Hafer...	Rhythmisches Sprachspiel mit Instrumenten	129
Die kleinen Forscher: Getreidedetektive	Naturbeobachtungen/Wissen	129
Getreideernte		
Der Mähdrescher	Sprechspiel mit Stimm- und Bewegungsimprovisation	56
Mähdreschergeräusche	Sprech-/Bewegungsspiel mit Geräusch- und Klangimprovisation	130
Obsternte		
Kirschen	Tanz-/Kreisspiel	58
Fünf kleine Kirschen	Fingerspiel	131
Die kleinen Forscher: Kirschendetektive	Naturbeobachtungen/Wissen	131
Sonnenblumen		
Sonnenblume, Sonnenblume ...	Sprechvers mit Instrumenten	60
Die Farben der Sonnenblume	Sprech-/Ratevers	132
Die kleinen Forscher: Sonnenblumendetektive	Naturbeobachtungen/Wissen	132
Unwetter		
Gewitter	Rückenmassage	62
Rumpel, grumpel, Donnerschlag!	Sprechspiel/Klangimprovisationen	133
Sommerfreuden		
Kinder im Sommer	Bewegungs-/Ratespiel	64
Sommeraktivitäten im Freien	Kreatives Schaffen	134
Wasserfest	Bewegungsspiel	134

HERBST

Thema	Förderbereich	Seite
Die Blindschleiche		
Tiere im Winterversteck	Bewegungsspiel	68
Blindschleiche, Blindschleiche ...	Bewegungsspiel	135
Die kleine Blindschleiche	Entspannungsgeschichte	135
Zugvögel		
Schnitter, Schnatter, Schnatterei!	Vers und Bewegungsspiel	70
Die Gänse auf Reisen	Sprechspiel	136
Die Gänse machen Urlaub	Geschichte erfinden	136
Herbstlaub		
Wind und Blätter	Bewegungsspiel mit Klangimprovisationen	72
Die Zauberfee und die Buche	Geschichte	137
Kartoffelernte		
Kartoffeln, Kartoffeln ...	Rhythmischer Sprechvers	74
Kartoffeldruck	Kreatives Schaffen	74
Die schöne Kartoffel Isolde	Geschichte	138
Apfelernte		
Der kleine rote Apfel	Lied	76
In meinem kleinen Apfel	Lied	139
Die kleinen Forscher: Apfeldetektive	Naturbeobachtungen/Wissen	139
Nussernte		
Nüsslein, Nüsslein, ...	Sing- und Ratespiel	78
Erntezeit	Kreatives Schaffen	140
Kastanien		
Die kleine Kastanie	Sprechspiel mit Geräuschimprovisation	80
Die kleinen Forscher: Kastaniendetektive	Naturbeobachtungen/Wissen	141
Tastsäckchen und Geräuschdosen	Hör- und Tastübungen	141
Kastanienfiguren	Kreatives Schaffen	141
Herbstnebel		
Nebel	Sprechspiel mit Bewegung	82
Die kleine Nebelhexe Wallorina	Geschichte	142
Wirrle, warrle, Hexenbein ...	Hexenzaubersprüche erfinden	142
Drachensteigen		
Herbst	Sprechspiel mit Instrumenten	84
Der bunte Drache Augustin	Bewegungsspiel mit Instrumenten	143
Halloween		
Die Geister sind da!	Kreisspiel-Lied	86
Halloween-Späße	Bewegungsspiel	144
Kürbislaterne	Kreatives Schaffen	144
Sankt Martin		
Sankt Martin, Sankt Martin ...	Lied	88
Laternentanz	Tanzlied im Kreis	145

WINTER

Thema	Förderbereich	Seite
Vogelfütterung im Winter		
Amseln, Meisen, Spatzen …	Bewegungs- und Instrumentalspiel	92
Vögel am Futterhaus	Sprechvers und Spiel	146
Fantasievögel	Kreatives Schaffen	146
Tiere im Winter		
Wintertraum der Tiere	Lied/Bewegungspiel	94
Tiere im Winter	Sprech- und Spielvers	147
Winter auf dem Bauernhof	Geschichte erfinden	147
Schwäne auf dem Eis		
Was machen die Schwäne?	Sprech-/Bewegungsspiel	96
Die Schwäne Oskar und Rosalinde	Geschichte mit Körperübungen	148
Spuren im Schnee		
Spurensuche	Bewegungs- und Ratespiel	98
A, B, C, …	Spiel- und Bewegungslied	149
Die kleinen Forscher: Spurendetektive	Naturbeobachtungen/Wissen	149
Spuren auf Papier	Kreatives Schaffen	149
Schnee		
Schneeflocken	Bewegungsspiel mit Klangimprovisation	100
Die kleinen Schneeflocken	Geschichte	150
Schneeflocken in Aktion	Sprech- und Spielvers	150
Schneemann bauen		
Schneemann	Sprech- und Bewegungsspiel	102
Schneemann und Schneefrau	Sprech- und Spielvers	151
Die kleinen Forscher: Schneedetektive	Naturbeobachtungen/Wissen	151
Schneemänner und Schneefrauen	Kreatives Schaffen	151
Advent		
Advent, Advent …	Lied	104
Kleine Kerzen, große Kerzen …	Gedicht und Lichtertanz	152
Nikolaus		
Nikolaus, lieber Nikolaus …	Sprechspiel	106
Der müde Nikolaus	Entspannungsgeschichte	153
Weihnachten		
Wunderschöne Weihnachtszeit	Gedicht	108
Die Tierweihnacht im Wald	Geschichte	154
Fastnacht, Fasching, Karneval		
Faschingsfest der Gänse	Tanzspiel	110
Fasching der Tiere	Lied/Bewegungsspiel	155
Schneeglöckchen		
Fünf kleine Schneeglöckchen	Fingerspiel	112
Das kleine Schneeglöckchen Schneeweiß	Geschichte	156

Gut zu wissen „Frühling"

- Der Frühling ist eine der vier Jahreszeiten auf unserer nördlichen (und der südlichen) Erdhalbkugel.
- Der Frühling liegt zwischen den Jahreszeiten Winter und Sommer.
- Zu den Frühlingsmonaten gehören nach dem Kalenderjahr die Monate März, April und Mai.
- Der Frühling beginnt aus Sicht der Astronomie (Wissenschaft, die sich mit den Himmelskörpern beschäftigt) auf der Nordhalbkugel mit dem Tag der Frühlingstagundnachtgleiche am 20. oder 21. März.
- Die Tage werden wieder länger, da die Sonne jetzt länger und in einem steileren Winkel auf die Erde scheint.
- Durch die längere und intensivere Zeit der Sonneneinstrahlung wird es auch wärmer.
- Das ist für die Pflanzen und die Tiere das Signal für den Neubeginn und des Erwachens aus der Winterruhe, dem Winterschlaf und der Winterstarre.
- Blumen und Pflanzen beginnen mit dem Wachstum in und über der Erde. Samen keimen und beginnen mit ihrem Wachstum in der warmen Erde. Blätter und Blüten wachsen aus den Knospen. Die aufgeblühten Blüten werden von den Insekten bestäubt.
- Tiere gebären ihre Jungen, damit sie während des restlichen Jahres wachsen können und bis zum nächsten kalten Winter ausgewachsen und überlebensfähig sind.
- Zugvögel kehren aus ihren Überwinterungsgebieten zu uns zurück.
- Tiere finden durch das beginnende Wachstum wieder genügend Nahrung für sich und ihre Jungen.
- Früchte reifen schon im späteren Frühjahr heran und können geerntet werden: Erdbeeren und Spargel.
- Die Menschen feiern mit Frühlingsfesten den Neubeginn des Jahres.

1 Die Weißstörche sind zurück.

© Ökotopia Verlag/ M. Wieber/Sprachförder-Ideen JAHRESZEITEN

Frühling

Weißstörche

Gut zu wissen

- Weißstörche gehören zu den Zugvögeln; ihre Zugrichtung ist ihnen angeboren.
- Im März/April kommen zuerst die Männchen, später die Weibchen aus ihren Winterquartieren in Afrika an ihre alten Brutplätze zurück.
- Ab August fliegen zuerst die Jungstörche, später folgen die „alten" Tiere nach Afrika.
- Im Segelflug fliegen sie dabei täglich eine Strecke von 150–300 km.
- Störche können über 35 Jahre alt werden.
- Sie verständigen sich durch Klappern mit den langen, roten Schnäbeln.
- Ihr Lebensraum ist in feuchten, wasserreichen Gebieten.
- Die Nahrung besteht vorwiegend aus Regenwürmern, Insekten, Mäusen, Ratten, Fröschen, Eidechsen, Fischen, Schlangen und Aas.
- Meist nisten sie auf Dächern, hohen Bäumen, Schornsteinen oder Lichtmasten.
- Das Nest heißt „Horst". Er kann mehr als 1 Meter hoch werden und über 500 kg wiegen.
- Das Gelege besteht aus 2–7 Eiern, die jeweils doppelt so groß wie ein Hühnerei sind.

Herr und Frau Klapperstorch
Sprechspiel mit Instrumenten

„Herr **Klap**-per-storch, Herr **Klap**-per-storch,
wo **bist** du nur ge-**we**-sen?"

Gruppe 1 fragt, begleitet von Kastagnetten.

„Ich **war** weit weg in **Af**-ri-ka
und **bin** seit sie-ben **Ta**-gen da.
Das **Nest** ist leer, für **uns** be-reit,
für **ei**-ne Stor-chen-**som**-mer-zeit."

Gruppe 2 antwortet, begleitet von Klanghölzern.

„Frau **Klap**-per-storch, Frau **Klap**-per-storch,
von **wo** bist du ge-**kom**-men?"

Gruppe 3 fragt, begleitet von Holzblocktrommeln.

„Auch **ich** flog weit, was **für** ein Glück,
ich **fand** den Weg hier-**her** zu-rück.
Jetzt **bin** ich hier nicht **mehr** al-lein,
ja, **mor**-gen wird die **Hoch**-zeit sein."

Gruppe 4 antwortet, begleitet von Klanghölzern.

„Herr **Klap**-per-storch, Frau **Klap-per-storch**,
was **macht** ihr in dem **Nest**?"

Gruppe 5 fragt, begleitet von Rasseln.

„Wir **brü**-ten uns-re **Ei**-er aus,
die **klei**-nen Stör-che **schlüp**-fen raus.
Dann **gibt** es ein Ge-**burts**-tags-fest
mit Frö-sche-fut-ter **hoch** im Nest."

Gruppe 6 antwortet, begleitet von Klanghölzern.

Alle antworten und spielen dabei gemeinsam mit allen Instrumenten.

Hinweis
Fett gedruckte Silben markieren bei Rhythmusspielen den Taktschwerpunkt.

Spielablauf
Die Kinder werden in sechs Gruppen (evtl. anfangs weniger) eingeteilt; jeder Gruppe ist ein Instrument (s.o.) zugeordnet. Der Text wird von den Gruppen 1–6 rhythmisch gesprochen und mit den Instrumenten begleitet.

2 Junge Schafe wurden geboren.

© Ökotopia Verlag/ M. Wieber/Sprachförder-Ideen JAHRESZEITEN

Jungtiere im Frühling

Gut zu wissen

- Nach der langen Winterruhe bekommen viele Tiere im frühen Frühling ihre Jungen. Ab jetzt gibt es wieder genug Futter und die Sonne sorgt für warme Temperaturen.
- Die jungen Schäfchen - Lämmer genannt - werden bereits zum Winterende und im zeitigen Frühjahr geboren. Gleich nach der Geburt werden sie von der Mutter trocken geleckt, damit sie sich nicht unterkühlen.
- Die Jungen der Füchse und Dachse kommen schon sehr zeitig zum Winterende und im zeitigen Frühjahr in ihrem unterirdischen Bau zur Welt. Dort bleiben die 3–5 Jungen ca. fünf Wochen, bevor sie den Bau verlassen.
- Die Jungen der Wildschweine – die Frischlinge – werden im April geboren. Es sind zwischen 3–12 Tierbabys, die schon gleich laufen können. Sie bleiben jedoch noch für ca. eine Woche in ihrem Laubnest und werden von der Mutter gesäugt.
- Hasenjunge werden ab Ende Februar geboren und bleiben alleine in der schützenden Erdkuhle. Sie haben keinen Eigengeruch und können deswegen von Feinden nicht gerochen werden. Nur einmal täglich kommt die Mutter zum Säugen zurück.
- Rehkitze werden Mitte Mai geboren und können sofort stehen und laufen. Sie liegen alleine im tiefen Gras versteckt. Die Ricke (die Rehmutter) kommt nur einmal täglich zum Säugen zu ihnen.
- Alle Vögel legen ihre Eier und brüten sie jetzt aus.

Aufgewacht!
Bewegungsspiel

Aufgewacht, aufgewacht,
der Frühling ist gekommen!
Schäfchen, streck dein Näschen raus,
lass die Sonne in dein Haus.
Die anderen Tiere warten.
Alle Schäfchen groß und klein
freun sich übern Sonnenschein
in Feld und Wald und Garten.

Aufgewacht, aufgewacht,
der Frühling ist gekommen!
Igel, streck die Stacheln raus,
lass die Sonne … (s.o.)

Aufgewacht, aufgewacht,
… (s.o.)
… Käfer, streck die Beinchen raus,
… (s.o.)
… Schmetterling, streck die Flügel raus,
… (s.o.)
… Biene, streck den Stachel raus,
… (s.o.)
… Maus, streck den Rücken raus,
… (s.o.)
… Hase, streck die Ohren raus,
… (s.o.)
(Mit den Kindern gemeinsam weitere Tiere finden.)

Schlussvers

Aufgewacht, aufgewacht,
der Frühling ist gekommen!
Alle Tiere groß und klein
freun sich übern Sonnenschein
in Feld und Wald und Garten.

Spielablauf

Die Kinder bilden zwei Gruppen: die Sonnenstrahlen- und die Tierkinder. Die Tierkinder sitzen/hocken als – vorher vereinbartes – Tier auf dem Boden in ihrem Winterversteck und warten auf die Sonnenstrahlen, die sie wecken. Wird in der Strophe ihr Tiername genannt, richten sie sich auf, strecken den benannten Körperteil der Sonne entgegen – bewegen sich als das entsprechende Tier durch den Raum. Die Sonnenstrahlen singen/sprechen den Text, wecken mit den o. g. Instrumenten die Tiere auf und begleiten sie instrumental bei ihrem Hüpfen/Springen etc. durch den Raum. Am Ende Rollenwechsel.

3 Die Honigbienen bestäuben die Blüten und sammeln Nektar und Pollen.

Frühling

Die Honigbiene

Gut zu wissen

- Die Honigbiene gehört mit ihren vier zarten Hautflügeln zu den Insekten der Hautflügler.
- Honigbienen leben in einem „Insektenstaat" von 40 000 bis 80 000 Tieren.
- Im Winter reduziert sich das Bienenvolk auf ca. 10 000 Tiere.
- Jedes „Bienenvolk" besteht aus einer Königin, den weiblichen Arbeiterinnen und den Drohnen – das sind die männlichen Bienen. Sie arbeiten nicht, sondern paaren sich nur mit der Königin, damit diese befruchtete Eier ablegen kann.
- Die Arbeiterinnen sind unfruchtbar und nur sie allein haben einen „Wehrstachel" zum Stechen.
- Der Stachel der Arbeiterinnen ist mit Widerhaken ausgestattet und bleibt nach dem Stich im Gewebe des Menschen hängen.
- Durch das Stechen verliert die Biene ihren Stachel und muss sterben.
- Arbeiterinnen übernehmen im Bienenstock die Brutpflege, bewachen den Eingang des Bienenstocks und sammeln Nektar und Pollen. Dabei bestäuben sie die Blüten.
- Bienen ernähren sich von Nektar und von Pollen.
- Sie haben einen Saugrüssel, mit dem sie den Nektar aus den Nektarkelchen der Blüten saugen.
- Bienen haben „Pollensäckchen" an den Hinterbeinen, in denen sie die Pollen sammeln.
- Bienen produzieren Wachs und bauen damit ihre Nest- und Honigwaben.
- Wenn der gesammelte Nektar von den Arbeiterinnen in die Bienenwaben umgefüllt wird, mischen sie Verdauungssäfte dazu. Daraus entsteht der Honig in den Bienenwaben.
- Menschen, die sich mit der Haltung, Vermehrung und Züchtung von Honigbienen beschäftigen, nennt man Imker.

Das Bienchen und die Blüte
Spiellied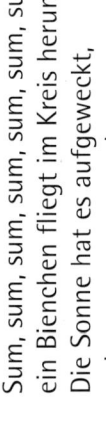

Sum, sum, sum, sum, sum, sum,
ein Bienchen fliegt im Kreis herum.
Die Sonne hat es aufgeweckt,
es lag ganz warm und gut versteckt
in seinem Bienenhaus.

Sum, sum, sum, sum, sum, sum,
ein Bienchen fliegt mit viel Gebrumm.
Es sucht sich eine Blüte aus
und fliegt zu ihr und ruht sich aus
in unsrem Blumengarten.

Spielablauf

Ein Kind spielt die Biene, fliegt herum, sucht sich eine Blüte (ein anderes Kind) aus und „ruht" kurz vor diesem Kind aus.

Rollentausch: Das „Blütenkind" wird zur neuen „Biene". Das Spiel beginnt neu.

Löwenzahn und Pusteblume bedecken die Wiesen.

Der Löwenzahn

Gut zu wissen

- Löwenzahn hat leuchtend gelbe, 3–6 cm große Blütenköpfe und blüht von April bis Mai.
- Seine gelben, runden Blütenköpfe sehen aus wie kleine Körbchen. Daher gehört er zu den Korbblütlern.
- Die länglichen Blütenblätter sehen aus wie Zungen und heißen Zungenblüten.
- Die gelbe Blüte sitzt auf einem geraden, langen Röhrenstängel. Pflückst du einen Stängel, fließt ein weißlicher Milchsaft an der Bruchstelle heraus.
- Die langen, gezackten, grünen Pflanzenblätter erinnern an Zähne, daher der Name Löwenzahn.
- Nach dem Blühen verwandelt sich der Fruchtstand der Blüte in die Pusteblume.
- Die Pusteblume besteht aus vielen kleinen, leichten Samen, die an Schirmchen hängen. Der Wind bläst diese Samen fort und verteilt sie in der Natur.
- Junge Löwenzahnblätter sind sehr gesund und man kann sie als Salat essen.

Löwenzahn, Löwenzahn ...
Klangimprovisation

A Die Sonne weckt den Löwenzahn und kitzelt seine Blätter.
Die Kinder hocken auf dem Boden und werden von der Sonne (Triangel) geweckt.

B „Heraus, heraus, die Zeit ist da, das schönste Frühlingswetter!"

C Löwenzahn, Löwenzahn, lass die Blätter wachsen, streck sie aus der Erde raus in unserm Frühlingsgarten.
Wachsen, groß werden, sich recken und strecken.

D Golden-gelbe Blütenköpfe leuchten in der Sonne.
Köpfe bewegen, Triangeln spielen.

E Bienen, Hummeln, Schmetterlinge sammeln ihre Pollen.
Bienen und Hummeln fliegen herum, sammeln Pollen.

C Löwenzahn, Löwenzahn, lass die Blüten wachsen, streck sie aus der Erde raus in unserm Frühlingsgarten.
Blumenkinder drehen sich im Kreis.

F Pusteblumen überall, die sich im Winde wiegen.
Blumenkinder wiegen sich hin und her.

G Bläst der Wind sie fester an, beginnen sie zu fliegen.
Blumenkinder wiegen sich schneller, ... fliegen los ...

C Pusteblume, Pusteblume, lass die Schirmchen fliegen, durch die Luft ganz hoch hinauf und bleib dann friedlich liegen.
... und bleiben an einem neuen Platz liegen.

Spielablauf

Der Vers wird vorgelesen und dazu mit Instrumenten von den Kindern begleitet:

- **A** – beliebige Töne auf dem Glockenspiel oder Klangbausteinen spielen.
- **B** – beliebige Töne auf dem Xylophon oder Klangbausteinen spielen.
- **C** – alle Instrumente zusammen spielen
- **D** – Triangel anschlagen
- **E** – mit Schellenstab oder Schellenband rasseln
- **F** – langsames Glissando auf und ab auf dem Metallophon.
- **G** – beliebige Töne auf Metallophon spielen.

Frühlingsblumen

Gut zu wissen

- Frühlingsblumen heißen die Blumen, die als erste im Frühling blühen. Einige von ihnen blühen auch dann schon, wenn es noch kalt und frostig ist oder es sogar noch ab und zu schneit.
- Andere Blumen ruhen zu dieser Zeit noch in ihrer Winterruhe. Für ihr Erwachen im Frühling benötigen sie eine bestimmte Wärme und Helligkeit der Sonne.
- Durch ihre leuchtenden Farben und ihren Duft locken sie die Bienen, Hummeln und Schmetterlinge an und sind für diese das erste Futter.
- Einige Frühlingsblumen wachsen noch heute als „wilde" Blumen, wie z.B. der Löwenzahn, das Gänseblümchen, die Schlüsselblume und das Buschwindröschen.
- Andere Frühlingsblumen gibt es sowohl als „wilde" als auch als „kultivierte", d.h. gezüchtete Blumen, in unserem Garten, z.B. Schneeglöckchen, Krokusse, Narzissen, Osterglocken, Veilchen, Tulpen, Traubenhyazinthen und Primeln.
- Einige Frühlingsblüher sind Dauerblüher, d.h. sie blühen bis zum Sommer oder sogar bis zum Herbst, wie z.B. das Gänseblümchen.

Bunte Frühlingsblumen
Bewegungsspiel im Kreis

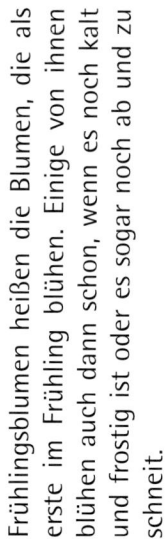

Bunte Frühlingsblumen,
die blühn in unserm Garten.
Bunte Frühlingsblumen,
die wollen nicht mehr warten.

Der **Krokus** ruft: „Jetzt bin ich da.
Wer hat mich schon gesehn?
Macht Platz für mich, macht Platz für mich,
will in der Sonne stehn!"

Das **Primelchen**, ganz gelb gekleidet,
kommt ganz schnell herbei.
Ruft laut: „Du bist nicht mehr allein!
Nein, nein, jetzt sind wir zwei!"

Vergissmeinnicht in Himmelblau,
will unbedingt auch mit.
„So wartet doch, ich komm dazu,
dann sind wir gleich zu dritt!"

Ganz leise ruft das **Veilchen** noch:
„Passt auf, ich stehe hier!
Ich bin dabei, ganz klein und zart,
ich bin die Nummer vier!"

Die **Tulpe** winkt jetzt schnell und wild
und streckt die Blütenblätter.
„Ich will als Nummer Fünf dazu,
ganz gleich bei welchem Wetter!"

Die **Traubenhyazinthe** schaut
verwirrt und ganz perplex.
„Es ist doch Platz für alle da!
Ich komm! Ich bin die Sechs!"

Im Wind will sich die **Osterglocke**
entspannt und leise wiegen.
„Halt, halt !", ruft sie, „so geht das nicht,
ich bin die Nummer Sieben!"

Stiefmütterchen, das wundert sich
und hat dabei gelacht.
„Ganz ohne mich? Das kann nicht sein!
Nein, nein! Ich bin die Acht!"

Auch die **Narzisse** will noch mit,
sie will sich gerne zeigen,
„Nehmt mich als Nummer Neun dazu
in euren bunten Reigen!"

Das zarte, weiße **Gänseblümchen**
ruft laut, beginnt zu singen:
„Ich bin die **Zehn**! Ich bin dabei.
Der Frühling kann beginnen!"

**Jetzt sind sie alle gut gelaunt
und glücklich und vergnügt.
Der kalte Winter ist vorbei,
der Frühling hat gesiegt!**

Spielablauf

Die Kinder sprechen und spielen allein oder zu mehreren eine Strophe als jeweilige Blume, schließen sich nacheinander der Blumenreihe an. In der letzten Strophe schließen die Kinder die Reihe zur Kreisform und bewegen sich freudig im Kreis.

6 Die Arbeit auf dem Feld beginnt.

© Ökotopia Verlag/ M. Wieber/Sprachförder-Ideen JAHRESZEITEN

Arbeit auf dem Feld

Gut zu wissen

- Im Frühling beginnt nach der Winterruhe die Arbeit auf den Feldern und in den Gärten.
- Dafür muss der Boden gut vorbereitet werden: Er muss aufgelockert, glatt geeggt oder gerecht und gedüngt werden, damit die Samen in die Erde gesät werden können.
- Auf den Feldern macht das der Bauer mit seinen Landmaschinen: Traktoren, Grubbern, Eggen und Sämaschinen. Im Garten wird das in Handarbeit mit den Gartengeräten gemacht.
- Auf den Feldern wurden bereits im September bis Oktober des Vorjahres die Wintergetreidearten ausgesät. Dazu zählen Winterroggen, Wintergerste und Winterweizen, Dinkel und Emmer.
- Wintergetreide sind ab Juli reif und können geerntet werden. Sommergetreide werden ab März ausgesät.
- Zu den Sommergetreiden gehören Hafer und Sommergerste. Früher war die Hirse ebenfalls ein wichtiges Sommergetreide.
- Rüben, Mais und die Aussaat von Gemüse und Kräutern im Freiland erfolgen im April.
- Kleine Saatkartoffeln werden im April in die Erde gesteckt.
- In den Gärten werden die verschiedenen Samen für Gemüse und Salate ausgesät. Der Boden muss für das Wachstum warm und feucht sein.
- Bereits in der zweiten Frühlingshälfte wird der Spargel auf den Feldern geerntet.
- Erdbeeren sind ebenfalls im Mai schon erntereif.

Im Märzen der Bauer

Lied

altes Volksgut

Im Märzen der Bauer die Rösslein einspannt.
Er setzt seine Felder und Wiesen instand.
Er pflüget den Boden, er egget und sät.
Er regt seine Hände frühmorgens und spät.

Die Bäurin, die Mägde, sie dürfen nicht ruhn.
Sie haben im Haus und im Garten zu tun.
Sie graben und rechen und singen ein Lied.
Sie freun sich, wenn alles schön grünet und blüht.

So geht unter Arbeit das Frühjahr vorbei.
Da erntet der Bauer das duftende Heu.
Er mäht das Getreide, dann drischt er es aus.
Im Winter, da gibt es manch fröhlichen Schmaus.

7 Die Samen keimen und es wachsen kleine Pflänzchen.

Frühling

Samenkörner

Gut zu wissen

- In jedem Samenkorn ist die gesamte Information der Pflanze enthalten.
- Es gibt Samen, die durch den Wind, durch Tiere oder durch Menschen ausgesät werden.
- Jeder Samen hat eine Keimruhe, die er benötigt, bevor er mit dem Wachsen beginnt. Sie hilft ihm erst dann zu keimen, wenn er die günstigsten Wachstumsbedingungen vorfindet. Die Keimruhe kann bei den Pflanzen unterschiedlich lang sein.
- Sät der Mensch auf dem Feld und im Garten Samen aus, muss der Boden dafür vorbereitet sein:
  o Das Saatbett muss aufgelockert, feinkrümelig und gedüngt sein.
  o Jede Pflanzenart hat ihre optimale Säzeit.
  o Jedes Samenkorn hat seine optimale Saattiefe.
  o Für die Keimung des Samens muss der Boden warm sein.
- „Dunkelkeimer" sind Samen, die „dunkel" mit der Erde bedeckt sein müssen.
- „Lichtkeimer" brauchen das Licht zum Keimen und wollen nicht mit Erde bedeckt sein.
- Zum Keimen und Wachsen benötigt der Samen die richtige Temperatur, Licht und Feuchtigkeit.
- Samen sind unterschiedlich groß und sehen verschieden aus, z.B.: Obstkerne, Nüsse, Getreidekörner, Gewürzkörner, Kiefernzapfen.

Das kleine Samenkorn
Sprech- und Fingerspiel

In der Erde, tief verborgen ruht ein kleines Samenkorn.	*Hände umschließen als „Erde" ein imaginäres Samenkorn.*
Es will wachsen, es will zeigen, was aus ihm so werden kann.	
Es treibt Wurzeln in der Erde,	*Finger strecken sich als „Wurzeln" nach unten und als „Blätter" nach oben.*
es treibt Blätter zart und grün.	
Und es wächst dann groß und größer, schon ist es für uns zu sehn.	*Hände öffnen sich, Arme strecken sich und Pflanze wächst.*
Stiel und Knospen, viele Blätter und auch Blüten sind schon da.	
Bienen summen, Hummeln brummen um die bunte Blütenschar.	*Finger „zappeln" als Bienen und Hummeln herum.*
Nach den Blüten wachsen Früchte, die ein jeder gerne mag.	*Hände „pflücken/ernten" Früchte.*
Die wir ernten, die wir essen, die uns schmecken, jeden Tag.	*Hände reiben sich den Bauch.*

Spielablauf
Mit den Händen und Fingern den Ablauf wie notiert darstellen.

Aus Knospen wachsen Blätter und Blüten.

Obstbäume

Gut zu wissen

- Die Obstbäume, die bei uns wachsen, haben eine einzige Knospenart, die Tragknospe, aus der sowohl die Blätter als auch die Blüten herauswachsen.
- Diese Knospen werden schon im Herbst angelegt, damit sie im Frühling gleich wachsen können.
- Die Farbe der Obstbaumblüten ist überwiegend weiß.
- Zu den Obstbäumen, die bei uns wachsen, gehören Kirschen, Äpfel, Birnen, Mirabellen, Aprikosen, Pfirsiche, Quitten, Pflaumen und Zwetschgen.
  - Sobald es warm genug ist, beginnen ab April zuerst die Kirschbäume zu blühen. Sie blühen eine extrem kurze Zeit: nur ca. 1 Woche.
  - Etwas später blühen die Pflaumen-, Apfel-, Birnen-, Mirabellenbäume.
- Die Blütezeit aller Obstbäume zusammen dauert je nach Wetter ca. 2 Monate.
- Zum Bestäuben benötigen die Obstbäume die Hilfe von Bienen und Hummeln. Ohne diese Insekten würde kein Obst wachsen.
- Aus dem bestäubten Fruchtknoten der Blüten entwickeln sich die Früchte: Kirschen, Äpfel, Birnen usw.
- Die Erntezeit des reifen Obstes beginnt – je nach Witterung – mit der Kirschenernte Ende Juni und endet mit der Quittenernte im November.

Obstbäume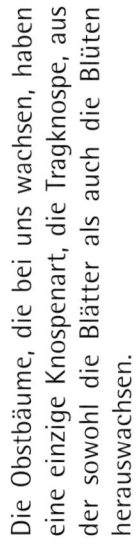
Sprech- und Bewegungsspiel

Spielablauf

Die Kinder in zwei Gruppen einteilen: Blütenkinder und Insektenkinder. Die Blütenkinder bekommen eine Farbe (Farbreif) oder Obstform zugeordnet: Apfelblüten – grün, Kirschblüten – rot, Birnenblüten – gelb, Pflaumenblüten – violett, Pfirsichblüten – orange. (Diese dient den „Insektenkindern" als Orientierung). Die Blütenkinder hocken in Gruppen auf dem Boden, um ihr Symbol/ihre Farbe herum, die Köpfe auf die Oberschenkel gebeugt, die Hände bedecken den Kopf. Die genannten Blüten öffnen sich langsam, richten sich auf und winken die Insekten herbei. Diese kommen, summen und brummen um die Blüte und fliegen zur nächsten Blütengruppe. Die „bestäubten" Blütenkinder setzen sich wieder hin und klatschen zu dem gesprochenen Text der anderen Blütenkinder.

1. Kleine Kirschenblüte, öffne dich geschwind,
   fühl die zarte Sonne und den sanften Wind.
   Lade alle Bienen, und alle Hummeln ein,
   lass sie mit den Schmetterlingen deine Freunde sein.
   Und sie summen alle fröhlich um dich rum,
   es ist schön zu hören,
   dieses Sum, summ, brumm!

2. Kleine Apfelblüte, öffne dich geschwind,
   fühl die zarte Sonne und den sanften Wind.
   Lade alle Bienen, und alle Hummeln ein,
   ... (s.o.)

3. Kleine Birnenblüte, öffne dich geschwind,
   ... (s.o.)
   Lade alle Bienen, und alle Hummeln ein,
   ... (s.o.)

4. Kleine Pflaumenblüte, öffne dich geschwind,
   ... (s.o.)
   Lade alle Bienen,und alle Hummeln ein,
   ... (s.o.)

5. Kleine Pfirsichblüte, öffne dich geschwind,
   ... (s.o.)
   Lade alle Bienen, und alle Hummeln ein,
   ... (s.o.)

Regen

Gut zu wissen

- Die Pflanzen benötigen im Frühjahr besonders viel Regen, damit sie gut wachsen können.
- Für Regen, Nebel und Schnee brauchen wir Wolken – große Gebilde hoch am Himmel, in denen sich unzählige, winzig kleine Wassertröpfchen sammeln. Diese entstehen, wenn die Sonne auf Wasser – das Meer, Seen, Flüsse und Bäche – scheint und dadurch Wasser verdunstet.
- Dieser Wasserdampf ist in der warmen Luft unsichtbar, leicht und steigt nach oben.
- Oben in der Atmosphäre ist es kälter. Aus dem unsichtbaren Wasserdampf entstehen dort oben viele winzig kleine, sichtbare Wassertröpfchen, die zusammen die Wolken bilden. Sie sind in den Wolken so leicht, dass sie schweben können.
- Die kalte Luft, die dort oben vorherrscht, drückt die kleinen Wassertröpfchen zusammen. Der Wind, der dort oben bläst, rüttelt und schüttelt sie zusätzlich durcheinander.
- Dabei treffen sich die kleinsten Minitröpfchen und werden immer größer und schwerer. Sind sie dann so schwer geworden, dass sie nicht mehr schweben können, fallen sie als Regentropfen auf die Erde. Dann regnet es!

Lauter Regentropfen
Klangimprovisation

Wenn die klei-nen **Re**-gen-trop-fen **lei**-se an mein **Fen**-ster klop-fen, hör ich ih-nen **ger**-ne zu.
Psst, sei still, das **hörst** auch du!
Klei-ne Re-gen-**trop**-fen, **klop**-fen, klop-fen, **klop**-fen **lei**-se, lei-se, lei-sen Trop-fen **hörst** auch du.

*Mit den **Fingerkuppen** der Zeigefinger **leise** auf den Boden **klopfen**.*

Wenn die di-cken **Re**-gen-trop-fen **rich**-tig laut ans **Fen**-ster klop-fen, hör ich ih-nen **ger**-ne zu.
Psst, sei still, das **hörst** auch du!
Run-de Re-gen-**trop**-fen, **klop**-fen, klop-fen, **klop**-fen, laut und lau-ter im-mer-zu, **lau**-te Trop-fen **hörst** auch du.

*Mit den **Fäusten laut** auf den Boden **trommeln**.*

Wenn die run-den **Re**-gen-trop-fen **ziem**-lich schnell ans **Fen**-ster klop-fen, hör' ich ih-nen **ger**-ne zu.
Psst, sei still, das **hörst** auch du!
Run-de Re-gen-**trop**-fen, **klop**-fen, klop-fen, **klop**-fen, **schnell** und schnel-ler im-mer-zu, **run**-de Trop-fen hörst auch du.

*Mit allen **Fingerkuppen schnell** auf den Boden **trommeln**.*

Wenn die hel-len **Re**-gen-trop-fen **lang**-sam an mein **Fen**-ster klop-fen, hör ich ih-nen **ger**-ne zu.
Psst, sei still, das **hörst** auch du!
Hel-le Re-gen-**trop**-fen, **klop**-fen, klop-fen, **klop**-fen, **lang**-sam, lang-sam im-mer-zu, **hel**-le Trop-fen **hörst** auch du.

*Mit allen **Fingern schnell** auf den Boden **trippeln**.*

*Mit den **Fingern** der ausgestreckten **Hand langsam** auf den Boden **patschen**.*

Spielablauf

Die Strophen mit den Händen/Fingern oder mit leeren Schuhkartons und Kochlöffeln, Handtrommeln mit Schlägeln oder Klanghölzern entweder wie angegeben oder frei gestalten.

Osterfest

Frühling

Ostern

Ein kleiner Osterhase
Sprech- und Spielvers als Kreisspiel

Gut zu wissen

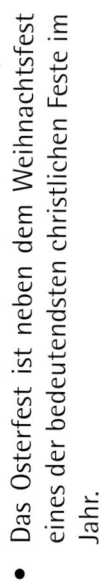

- Das Osterfest ist neben dem Weihnachtsfest eines der bedeutendsten christlichen Feste im Jahr.
- Im christlichen Glauben wird damit die Auferstehung Jesu Christi gefeiert.
- Ostern findet immer nach dem ersten Frühlingsvollmond statt.
- Mit der Frühlingstagundnachtgleiche am 21. März werden die Tage wieder länger, heller und wärmer und in der Natur beginnt das neue Wachstum, neues Leben. Dieses Ereignis des „neuen Sonnenaufgangs" wurde in der Vergangenheit von den Naturvölkern mit Festen gefeiert; hier bei uns mit Frühlingsfesten.
- Die Verknüpfung des Symbols der Auferstehung Jesu Christi, die Morgenröte der aufgehenden Sonne, Abläufe in der Natur und bereits bestehende Feste und Rituale haben das Osterfest zu diesem Zeitpunkt entstehen lassen.
- Eier und Hasen werden als Symbol der Fruchtbarkeit angesehen und mit dem Frühlingserwachen in Verbindung gebracht. Daraus haben sich verschiedene Bräuche und Festgewohnheiten entwickelt, wie z.B. das Färben und Verzieren der Ostereier.
- Aus Freude über dieses Fest beschenken sich die Erwachsenen und Kinder mit Ostereiern, Schokoladen-Osterhasen und anderen Süßigkeiten.

1. Ein kleiner Osterhase
   hoppelt übers Feld.
   Er wackelt mit den Ohren,
   weil ihm das gut gefällt.
   Zuerst hoppelt er links herum,
   dann hoppelt er rechts herum,
   dann hoppelt er weiter nur noch geradeaus.

2.-7. Ein kleiner Osterhase,
   hoppelt übers Feld.
   Er wackelt mit dem Schwänzchen (Pfötchen, Köpfchen, Rücken, Bauch, Popo...),
   weil ihm das gut gefällt.
   Zuerst ... (s. 1. Strophe)

8. Zuerst hoppelt er links herum,
   dann hoppelt er rechts herum,
   dann ist er müde und ruht sich aus.

Spielablauf

→ **Mit einem Hasen:** Der Hase hoppelt los, hoppelt zu einem anderen Kind, ruht sich dort aus. Dieses Kind ist dann der neue Hase.

→ **Mit mehreren Hasen:** Ein Hase beginnt, das neue Kind kommt dazu und zwei Hasen hoppeln los. Im Text heißt es dann entsprechend: „Zwei (drei, vier ...) kleine Osterhasen hoppeln übers Feld ..." usw. Alle Hasen hoppeln dem Text entsprechend im Raum herum. In jeder weiteren Strophe wackeln die Hasen mit einem anderen Körperteil: Schwänzchen, Pfötchen, Köpfchen, Rücken, Bauch, Popo usw.

→ **Singspiel:** Versziele 1-4 jeweils nach der Melodie von „alle meine Enten" singen.

→ **Sprechspiel:** Verszeilen 5-7 jeweils sprechen.

Tipp

Die Begriffe „links" und „rechts" erarbeiten: Farbbändchen an die Hände binden oder einen oder mehrere Finger der linken und/oder rechten Hand anmalen.

38

11 Die Erdbeeren sind reif und werden geerntet.

Erdbeeren

Gut zu wissen

- "Verwandte Vorfahren" unserer heutigen Erdbeeren, die Waldbeeren, hat man schon in der Steinzeit gegessen.
- Siedler brachten die größere Scharlacherdbeere aus Nordamerika und Seefahrer die Chile-Erdbeere aus Chile mit nach Europa. Daraus wurde die Gartenerdbeere, die wir heute essen, gezüchtet.
- Die Erdbeere ist keine Beerenfrucht, sondern eine Sammelnussfrucht.
- Das, was wir als Obst essen, ist eine Scheinbeere mit vielen kleinen Nüsschen – den Samen – auf der Oberfläche. Tiere, die in der freien Natur Erdbeeren essen, scheiden diese kleinen Samen unverdaut wieder aus und tragen so zur Vermehrung der Erdbeeren bei.
- Hummeln fliegen gerne zu Erdbeerblüten und bestäuben sie, wenn sie die Pollen sammeln.
- Erdbeeren blühen, je nach Wetterlage, schon im April und können ab Mai geerntet werden.

Erdbeeren – Lied/Bewegungsspiel

Melodie in Anlehnung an „Alle meine Entchen"

A Die Erdbeere Antonia, die **kullert** hier herum, die kullert hier herum, die Erdbeere Antonia, die liegt jetzt still und stumm.
Das „Erdbeerkind" Antonia kullert im Raum herum.
Das „Erdbeerkind" bleibt ruhig liegen.

B Erdbeere Antonia, wir haben dich gesehn, ... Erdbeere Antonia, du kannst nach Hause gehn.
Erdbeere Antonia, lauf schnell weg ... , lauf schnell weg in dein Erdbeerversteck.
Das „Erdbeerkind" geht in sein Versteck.

A Die Erdbeere Lisa, die rollt hier herum, ... s.o.
Das „Erbeerkind" Lisa rollt im Raum herum.

B Erdbeere Lisa, wir haben dich gesehn. ... (s.o.)
(s.o.)

A Die Erdbeere Luca, die rennt hier herum, ... (s.o.)
Das „Erdbeerkind" „Luca rennt im Raum herum.

B Erdbeere Luca, wir haben dich gesehn. ... (s.o.)
s.o.

A Die Erdbeere Nico dreht sich im Kreis, ... (s.o.)
Das „Erdbeerkind" Nico dreht sich im Kreis.

B Erdbeere Nico, wir haben dich gesehn. ... (s.o.)
s.o.

A Die Erdbeere Ufuk, Sofie, Angar, Ida, Maximilian usw. ...
s.o.

Spielablauf

Teil A wird in einfacher Weise von der Spielleitung gesungen. Teil B sprechen (singen) alle gemeinsam und begleiten rhythmisch mit Klatschen oder Orffinstrumenten. Jedes Kind ist eine Erdbeere, wird namentlich aufgerufen und zeigt, was es im Raum macht. Nach jeder Einzeldarstellung (Teil A) wird das Erdbeerkind mit dem Teil B verabschiedet.

SOMMER

© Ökotopia Verlag / M. Wieber/Sprachförder-Ideen JAHRESZEITEN

Sommer

Gut zu wissen „Sommer"

- Der Sommer ist eine der vier Jahreszeiten auf unserer nördlichen (und der südlichen) Erdhalbkugel.
- Der Sommer liegt zwischen den Jahreszeiten Frühling und Herbst.
- Zu den Sommermonaten gehören nach dem Kalenderjahr die Monate Juni, Juli und August.
- Der Sommer beginnt aus Sicht der Astronomie (Wissenschaft, die sich mit den Himmelskörpern beschäftigt) auf der Nordhalbkugel mit dem Tag der Sommersonnenwende am 21. oder 22. Juni.
- Der Sommer ist die wärmste Jahreszeit bei uns.
- Dadurch, dass die Tage lang sind und die Sonne lang und warm scheint, ist jetzt genug Zeit zum Wachsen für Pflanzen und Tiere. Das bedeutet für die Tiere, dass sie täglich mehr als 12 Stunden Nahrung suchen und die Jungtiere damit füttern können.
- Aus den bestäubten Blüten wachsen Früchte, alle Samen keimen gut in der warmen Erde, es fällt genug Regen, den die Pflanzen zum Wachsen benötigen.
- Im Verlauf des Sommers beginnt die Zeit der Ernte in den Gärten und auf den Feldern.
- Obst, Gemüse, Salate, Kräuter, Beeren, Frühkartoffeln und Getreide werden reif und können geerntet werden. Die arbeitsintensive Erntezeit beginnt.
- Im Sommer freuen sich die Menschen über die Wärme und die langen hellen Tage. Frische gesunde Nahrung ist jetzt wieder für alle ausreichend vorhanden.
- Die Sommerzeit ist die Zeit der Feste und Feiern im Freien.

12 Marienkäfer krabbeln herum.

© Ökotopia Verlag / M. Wieber/Sprachförder-Ideen JAHRESZEITEN

Marienkäfer

Gut zu wissen

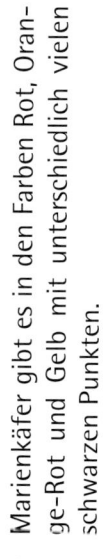

- Marienkäfer gibt es in den Farben Rot, Orange-Rot und Gelb mit unterschiedlich vielen schwarzen Punkten.
- Der bekannteste Marienkäfer ist der rote Siebenpunkt-Marienkäfer. Er hat zwei Hautflügel zum Fliegen und zwei Deckflügel zum Schutz der Hautflügel. Am Kopf befinden sich zwei Fühler, am Körper sechs Beine.
- Marienkäfer ernähren sich von Insekten; sehr gerne fressen sie Schild- und Blattläuse. Ein erwachsener Käfer kann bis zu 90 Läuse am Tag fressen.
- Marienkäfer werden im Durchschnitt 1-2 Jahre alt.
- Zum Überwintern versammeln sich die Käfer in Gruppen und suchen sich einen warmen Platz in Mauerritzen oder unter Baumrinden. Im März/April erwachen sie aus ihrer Winterruhe.
- Marienkäfer werden als Glücksbringer angesehen.

Käfer Friedrich
Sprechvers und Bewegungsspiel

Auf einem grünen Efeublatt, da sitzt er ganz gemütlich, der rote Käfer, schwarz getupft. Es ist der Käfer Friedrich.	*Die Kinder fliegen als Käfer herum und wählen einen Platz im Raum.*
Die Läuse in der Nachbarschaft, die schmecken ihm sehr gut, sein Bauch ist rund und voll und glatt, ihm geht es wirklich gut.	*Die Käferkinder essen pantomimisch Läuse.*
„Jetzt lege ich mich ganz entspannt und halte Mittagsschlaf. Die Sonne scheint mir auf den Bauch, schaut zu, wie ich das mach!"	*Die Käferkinder legen sich hin zum Schlafen.*
Es dauert auch nicht allzu lang, dann schläft er tief und fest. Die Äuglein zu, liegt er entspannt in seinem Käfernest.	*Die Käferkinder liegen entspannt und „schlafen".*
Nach einem kurzen Mittagsschlaf weckt ihn die Sonne auf. Er ist jetzt fit und ausgeruht und fliegt vergnügt nach Haus.	*Die Käferkinder wachen auf, und fliegen „nach Hause".*

Spielablauf

Die Spielleitung spricht den Vers. Dazu spielen die Kinder als Käfer das Geschehen entsprechend der Textvorgabe. Dieser Vers kann zum „Beruhigungsritual" in der Gruppe werden, wenn die Kindergruppe sehr unruhig und „aufgedreht" ist: Mit einem akustischen Signal der Klangschale (Glöckchen u.a.) macht die Spielleitung darauf aufmerksam. Sie spricht den Vers, die Kinder hören zu, suchen sich im Gruppenraum ihr „Käfernest" (Kuschelnest) und entspannen für kurze Zeit. Dazu evtl. eine ruhige Entspannungsmusik spielen.

Wichtig: Den Kindern die Wahl lassen, ob sie daran teilzunehmen möchten. Wer nicht möchte, spielt ruhig sein Spiel weiter.

13 Hummeln bestäuben die Blüten und sammeln Nektar und Pollen.

© Ökotopia Verlag / M. Wieber/Sprachförder-Ideen JAHRESZEITEN

Sommer

Die Hummel

Gut zu wissen

- Hummeln sind mit den Bienen verwandt und gehören zu den Insekten der Hautflügler.
- Hautflügler haben vier zarte, durchsichtige Hautflügel.
- Hummeln leben in einem „Insektenstaat" mit ca. 50 bis 600 Tieren.
- Hummeln ernähren sich von Nektar und Pollen und produzieren Honig als Larvenfutter.
- Auf ihrer Nahrungssuche bestäuben sie die Blüten der Pflanzen.
- Sie produzieren Wachs und bauen daraus Honig- und Nestwaben.
- Der Hummelstaat besteht die überwiegende Zeit aus der Königin und den Arbeiterinnen.
- Die Königin legt die befruchteten Eier und hilft bei der Brutpflege.
- Die Arbeiterinnen sammeln Nektar und Pollen und werden 6 – 12 Wochen alt.
- Einige Arbeiterinnen legen unbefruchtete Eier, aus denen die männlichen Drohnen schlüpfen.
- Die Drohnen befruchten die Jungköniginnen und sterben danach.
- Im Herbst stirbt das ganze Hummelvolk; nur die befruchteten Jungköniginnen überleben.
- Jede Jungkönigin gräbt sich im Herbst in die Erde ein und überwintert dort.
- Im März kommt sie schon bei ca. 2 °C aus der Erde hervor und sucht sich einen Platz für einen neuen Nestbau.
- Hummeln stechen sehr selten.

Was können Hummeln?
Sprechspiel/Fragespiel

Weißt du, was die Hummeln können?
Hast du das schon mal gesehn?
Glaubst du, dass sie rennen können?
Oder sogar rückwärts gehn? *Die Spielleitung spricht.*

Nein, sie können fliegen, brummen,
können krabbeln, können summen,
können in der Sonne sitzen,
müssen dabei gar nicht schwitzen! *Die Kinder sprechen und spielen.*

Weißt du, was die Hummeln können?
Hast du das schon mal gesehn?
Glaubst du, dass sie hüpfen können?
Oder lang im Kopfstand stehn? *Die Spielleitung spricht.*

Nein, sie schwingen ihre Flügel
fliegen über jeden Hügel.
Übers Haus und übern Baum
und auch übern Gartenzaun. *Die Kinder sprechen und spielen.*

Weißt du, was die Hummeln können?
Hast du das schon mal gesehn?
Glaubst du, dass sie schwimmen können?
Oder gern ins Kino gehn? *Die Spielleitung spricht.*

Nein, sie trinken gerne Nektar
von den Blumen hinterm Haus.
Nur wenn Regentropfen fallen,
bleiben sie entspannt zu Haus. *Die Kinder sprechen und spielen.*

Spielablauf

Die Spielleitung fragt, die Kindergruppe antwortet und stellt den Inhalt spielerisch dar.

Kühe grasen auf der Weide.

Kühe

Gut zu wissen

- Schon vor ca. 9 000 bis 10 000 Jahren begannen die Menschen die Vorfahren der Rinder, die Auerochsen, als Haustiere zu nutzen. Durch Züchtungen sind die heutigen Rinderrassen entstanden.
- Kühe gehören als Säugetiere zu den Paarhufern mit Hörnern.
- Hufe sind die dicken Zehennägel dieser Säugetiere, von denen sie jeweils ein Paar an jedem Fuß haben.
- Rinder sind Wiederkäuer und ausschließlich Pflanzenfresser. Sie fressen vorwiegend Gras und Heu. Zum Wiederkäuen haben sie vier Mägen. „Wiederkäuen" bedeutet: sie würgen das vergärte Gras aus einem der Mägen hoch ins Maul, zermahlen es und verdauen es nach dem Schlucken in den anderen drei Mägen.
- Rinder sind sehr soziale Herdentiere mit einer Rangordnung in der Herde.
- Ursprünglich war das Rind in drei Bereichen für den Menschen besonders wichtig: als Fleischlieferant, als Milchlieferant und als Zugtier. Außerdem wurden aus Haut und Fell Kleider hergestellt, die getrockneten Kuhfladen als Brennmaterial genutzt und der Kuhmist als Dünger auf den Feldern verwendet.
- Um das Kälbchen mit Milch zu versorgen, produziert eine Kuh ursprünglich etwa 8-10 Liter Milch täglich. Die gezüchteten Milchkühe produzieren dagegen täglich ca. 30 Liter Milch und mehr.

Der flotte Kuh-Tanz
Tanzspiel

Frühmorgens um halb zehn, ihr werdet's kaum verstehen, erklingt die flotte Tanzmusik und alle Kühe machen mit. Ne' exklusive Discomaus legt für den Tanz die Lieder auf. Ganz schick und elegant kommt jede Kuh gerannt.

Die Kuh Angelika
ist immer als die Erste da.
Sie will dann ganz allein
die Allerschönste sein.
Sie tanzt dann rundherum und mal im Walzerschritt,
sie tanzt auch mal zu zweit und dann auch mal zu dritt.
Sie hüpft ganz wild und fröhlich, ja, es ist ein Traum,
es ist so wunderbar, dem Treiben zuzuschaun.

Die Kuh Maliese
tanzt fröhlich auf der Wiese.
Sie wiegt sich hin und her,
das fällt ihr gar nicht schwer.
Sie tanzt dann rundherum und mal im Walzerschritt,
...(s.o.)

Die Kuh Mathilde
ist 'ne ganz Wilde.
Sie rennt schnell auf und ab,
und kreuz und quer im Trab.
Sie tanzt dann rundherum und mal im Walzerschritt,
... (s.o.)

Und Henriette,
ist 'ne ganz Nette.
Sie lacht tagaus, tagein,
kann immer fröhlich sein.
Sie tanzt dann rundherum ... (s. links.)

Und Ferdinand, der Stier,
der trinkt gern Wiesenbier,
und schaut gern voller Ruh,
dem bunten Treiben zu.
Er tanzt auch rundherum ... (s. links.)

Und dann, stellt euch das vor,
rappt noch der Bullenchor,
vergnügt und ausgelassen,
und keiner will's verpassen.
Sie tanzen rundherum ... (s. links.)

Spielablauf

Die Kinder spielen die verschiedenen Szenen entsprechend des Textes. Eventuell eine passende Bewegungs- oder Tanzmusik dazu spielen.

15 Eine Schnecke kriecht herum.

© Ökotopia Verlag/ M. Wieber/Sprachförder-Ideen JAHRESZEITEN

Schnecken

Gut zu wissen

- Die bekanntesten Schnirkelschnecken sind die Gartenbänderschnecke und die Weinbergschnecke. Beide tragen ein Haus.
- Sie lieben feuchte und kühle Plätze und bewegen sich auf einer Schleimschicht fort, die sie selbst herstellen.
- Schnecken können nicht hören.
- Schnecken haben am Kopf zwei Paar Fühler, die sie ein- und ausziehen können. Am Ende der oberen großen Fühler sind die Augen als schwarze Punkte zu sehen.
- Damit kann die Schnecke hell und dunkel unterscheiden und Bewegungen wahrnehmen.
- Mit den unteren kürzeren Fühlern kann sie sehr gut riechen und tasten.
- Schnecken haben eine Raspelzunge, die mit kleinen Zähnchen besetzt ist.
- Schnecken fressen Aas und Pflanzen.
- Bei Hitze und bei Kälte ziehen sie sich in ihr Haus zurück und verschließen das Loch mit Schleim.
- Die fünf Windungen des Schneckenhauses sind grundsätzlich nach rechts gedreht.
- In seltenen Ausnahmen sind diese Windungen nach links gedreht: das ist der Schneckenkönig!
- Die Gartenschnirkelschnecke legt 40 – 80 kleine Eier.
- Die Jungschnecken haben bereits ein kleines Schneckenhaus, können sofort kriechen und selbst Futter suchen.
- Weinbergschnecken graben ein kleines Loch und legen ca. 50 Eier hinein.
- Zum Überwintern graben sie sich ein, verschließen ihr Gehäuse mit einem Kalkdeckel und verfallen in eine Kältestarre.

Schneckentraum
Bewegungsspiel/Spiel mit Rhythmen

In dem schö-nen **Schnec**-ken-haus,   *Die Spielleitung und die „Instrumentengruppe"*
hält es je-de **Schneck'** gern aus.   *Kinder" agieren gemeinsam.*
Sitzt ganz still und **träumt** ganz lei-se,
von der schö-nen **Schnec**-ken-rei-se.

„**Schnec**-ke I-da, **komm** he-raus,   *Das Fragekind fragt das Schneckenkind.*
sag, was träumst du **in** dei-nem Haus?"   *Die Schnecke erzählt, wovon sie träumt.*

Spielablauf

Im Vorfeld findet ein kurzes Gespräch statt: „Wovon können die Schnecken träumen?", „Wohin möchten sie verreisen?" Das Spiel findet dann im Sitzkreis statt. Ein Kind ist die Schnecke, sitzt in seinem Haus auf dem Boden. Die übrigen Kinder sprechen und begleiten den Vers mit „körpereigenen Instrumenten" (klatschen, patschen, stampfen) oder mit Orffinstrumenten. Ein „Fragekind" aus der Gruppe fragt die Schnecke nach ihrem Traum. Das Schneckenkind erzählt, wovon es geträumt hat. Rollentausch. Danach wählen beide Kinder eine „neue Schnecke" und ein „neues Fragekind" aus.

16 Schmetterlinge flattern zu den Blüten.

© Ökotopia Verlag/ M. Wieber/Sprachförder-Ideen JAHRESZEITEN

Schmetterlinge

Gut zu wissen

- Schmetterlinge – auch Falter genannt – gehören zu den Insekten.
- In Deutschland gibt es ca. 3 700 verschiedene Schmetterlingsarten.
- Schmetterlinge leben auf allen Kontinenten außer der Antarktis.
- Schmetterlingen sind unterteilt in zwei große Gruppen: die Tag- und die Nachtfalter (je nachdem, zu welcher Zeit sie aktiv sind.)
- Schmetterlinge ernähren sich vom Nektar der blühenden Pflanzen.
- Der Schmetterling besteht aus dem langen Schmetterlingskörper mit drei Beinpaaren, zwei Flügelpaaren, dem Kopf mit den zwei Facettenaugen, zwei Fühlern und einem Saugrüssel.
- Die bunten Flügel bestehen aus unzähligen kleinen Farbschuppen.
- Die beiden Fühler sind Sinnesorgane für den Tast- und Geruchssinn.
- Der Rüssel dient der Nahrungsaufnahme: dem Blütennektar.
- Die Schmetterlings-Metamorphose ist die Entwicklung und Verwandlung des Schmetterlings vom Ei über die Larve/Raupe, Puppe bis zum Schmetterling.
- Schmetterlinge überwintern sehr unterschiedlich: als Ei, Raupe oder Puppe.
- Sieben unserer Tagesfalterarten fallen in eine Winterstarre. Andere Arten fliegen im Winter bis nach Südeuropa oder Nordafrika.

Der kleine Falter
Bewegungsspiel

Kleiner Falter, kleiner Falter,
sitzt auf einem grünen Blatt.
Hast gefressen, hast gefressen,
bist jetzt voll und rund und satt.

Doch jetzt willst, doch jetzt willst du
fliegen in die weite Welt.
Spannst die Flügel, spannst die Flügel,
fliegst dorthin, wo's dir gefällt.

Und jetzt fliegst du und jetzt fliegst du
auf und ab im Sonnenschein.
Wird es dunkel, wird es dunkel,
fliegst du müde wieder heim.

Spielablauf
Alle Kinder sind gleichzeitig Schmetterlinge – das Spiel entsprechend der Handlung spielen und den Text dazu sprechen.

Variante
Es kann aber auch nur ein Kind der Schmetterling sein. Dabei ruht sich das Kind dann am Ende des Textes vor einem von ihm ausgewählten Kind aus, das dann als Nächstes den Schmetterling spielt.

17 Das Getreide auf den Äckern reift heran.

© Ökotopia Verlag / M. Wieber / Sprachförder-Ideen JAHRESZEITEN

Getreide

Gut zu wissen

- Die sieben wichtigsten Getreidearten sind weltweit Hafer, Hirse, Gerste, Mais, Reis, Roggen und Weizen.
- Bereits in der Steinzeit ernährten sich die Menschen von den Samen verschiedener Wildgräser, die sie zermahlten, mit Wasser zu einem Brei vermischten und ein essbares Brot daraus backten.
- Aus diesen Wildgräsern entwickelten sich durch Kreuzungen und Züchtungen unsere heutigen Getreidesorten.
- Jede Getreidepflanze hat, bis auf den Mais, an einem langen Halm eine Ähre. In dieser Ähre wachsen und reifen die Getreidekörner.
- Die Getreidekörner sind von einer schützenden Hülle umgeben: den Spelzen. Diese werden vor dem Mahlen der Körner entfernt.
- Die reifen und trockenen Getreidekörner werden in den Mühlen zu Mehl gemahlen.
- Das Mehl wird zu Brot, Brötchen, Kuchen, Gebäck, Plätzchen und Nudeln verarbeitet.
- Bevor wir das Brot essen können, müssen drei Berufsgruppen dafür arbeiten: der Bauer, der das Getreide anbaut, der Müller, der das Getreide in der Mühle zu Mehl mahlt und der Bäcker, der aus dem Mehl die Brote und Kuchen backt.
- Getreide ist, trocken gelagert, sehr lange haltbar.

Getreidesorten
Rhythmisches Sprachspiel

Rog-gen, **Rog**-gen-kör-ner, **dunk**-les Rog-gen-**brot**,   o o - x x x x - x x x x - O

Ger-ste, **Ger**-sten-kör-ner, **fei**-ner Ger-sten-schrot.   o o - x x x x - x x x x - O

Ha-fer, **Ha**-fer-kör-ner, **klei**-ne Ha-fer-**floc**-ken.   o o - x x x x - x x x x - o o

Wei-zen, **Wei**-zen-kör-ner, **Mehl** und Wei-zen-**floc**-ken.   o o - x x x x - x x x x - o o

Notenwerte:
o = halbe Note – dauert zwei gedachte Schläge/Klatscher
x = Viertelnote – dauert einen Schlag/Klatscher
O = ganze Note – dauert vier gedachte Schläge/Klatscher

Spielablauf
Die Kindern in vier Gruppen einteilen: Roggengruppe, Gerstengruppe, Hafergruppe, Weizengruppe. In jeder Gruppe den Text klatschend rhythmisieren (pro Silbe einen Klatsch). Die Silben im Sprachrhythmus unterschiedlich schnell sprechen = Zuordnung zu Notenwerten). Jede Gruppe spricht und klatscht dazu ihren Vers.

Varianten
→ Den Rhythmus mit Patschen, Stampfen, Klopfen begleiten; laut und leise, schneller und langsamer usw.
→ Auf Stühlen, Fußboden usw. trommeln und dazu sprechen. *"Worauf oder woran können wir noch trommeln, klopfen und dazu sprechen?"* Die Kinder sind begeisterte „Erfinder".
→ Anstelle der körpereigenen Instrumente die Sprechverse mit einfachen Rhythmusinstrumenten begleiten.

18 Mit dem Mähdrescher erntet der Bauer das Getreide.

© Ökotopia Verlag/ M. Wieber/Sprachförder-Ideen JAHRESZEITEN

Sommer

Getreideernte

Gut zu wissen

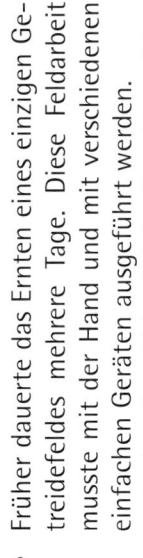

- Früher dauerte das Ernten eines einzigen Getreidefeldes mehrere Tage. Diese Feldarbeit musste mit der Hand und mit verschiedenen einfachen Geräten ausgeführt werden.
- In der heutigen Zeit wird das Getreide auf den Feldern mit den Mähdreschern geerntet. An einem einzigen Tag kann der Mähdrescher, der von dem Bauern gesteuert wird, ein riesengroßes Getreidefeld abernten.
- Der Mähdrescher ist eine Landmaschine, die in einem Arbeitsgang verschiedene Arbeitsschritte erledigt:
  → Die Getreidehalme werden abgeschnitten.
  → Spreu wird von den Körnern getrennt.
  → Die Körner werden ausgedroschen und in einem Körnertank gesammelt.
  → Später werden sie auf einen Anhänger verladen und auf den Bauernhof gebracht.
  → Das ausgedroschene Stroh fällt entweder lose oder zu Ballen gepresst auf den Acker.

Der Mähdrescher

Sprechspiel mit Stimm- und Bewegungsimprovisationen

Der Bauer startet den Mähdreschermotor...
In der Kabine lenkt der Bauer mit dem Lenkrad...
Auf den Rädern rollt der Mähdrescher zum Feld...
Das Mähwerk senkt sich auf den Boden...
Die Rollen über den Messern drehen sich und biegen dabei die Halme herunter...
Die Messer im Mähdrescher bewegen sich schnell hin und her und schneiden dabei die Halme ab...
Die Dreschkammern dreschen laut die Körner aus...
Die Rüttelsiebe rütteln hin und her und sieben dabei die Körner aus...
Das Gebläse bläst die Spreu vom Korn...
Die Körner fallen in den Körnertank und werden dort gesammelt...
Die Strohpresse presst das Stroh zu Ballen...
Das Förderband transportiert das Stroh auf den Acker...
Die Körner aus dem Körnertank werden auf den Erntewagen geblasen...
Wenn das Feld abgeerntet ist, steuert der Bauer den Mähdrescher nach Hause...
Der Motor des Mähdreschers wird ausgestellt...
Der Mähdrescher ruht sich aus...

Spielablauf

Vor Spielbeginn besprechen, welche Geräusche und Bewegungen zu den geschilderten Tätigkeiten gemacht werden können. Die Spielleitung liest jeweils eine Textzeile vor, die Kinder machen die entsprechenden Geräusche und Bewegungen dazu.

19 Die Kirschen werden reif.

Sommer

Obsternte

Gut zu wissen

- Kirschen gehören zur Unterfamilie der Steinfrüchte.
- Bei uns wachsen die wilden Vogelkirschen und die kultivierten Süß- und Sauerkirschen.
- Die rote Kirsche besteht aus dem Fruchtfleisch, das wir als Obst essen und dem inneren ungenießbaren Kirschkern. Dieser innere, holzige, harte Fruchtstein (der Kirschkern) ist der Samen.
- Kirschen sind die Frühblüher der Obstbäume: ab April blühen sie.
- Ca. zwei Monate benötigen die Kirschen zum Wachsen und Reifen. Bereits Anfang Juli können die reifen Früchte geerntet werden.
- Vögel helfen bei der Verbreitung der Kirschen: sie fressen das Fruchtfleisch und lassen die Kerne (Samen) irgendwohin fallen. Im Kirschkern befindet sich der Keimling, aus dem ein neuer Kirschbaum wächst.
- Kirschsorten, die wir essen, heißen Herzkirschen und Knorpelkirschen. Kirschen sind sehr gesund und enthalten viele Vitamine und Mineralien.
- Weitere Steinfrüchte sind Pfirsiche, Zwetschgen, Pflaumen und Mirabellen. Diese Steinfrüchte werden ebenfalls im Sommer oder Herbst reif.

Kirschen
Tanz- und Kreisspiel

traditionell, Autor unbekannt

Rote Kirschen ess ich gern,
schwarze noch viel lieber.
In die Schule geh ich gern,
alle Tage wieder.

Platz gemacht, Platz gemacht
für die jungen Damen.
Saß ein Kuckuck auf dem Dach,
kommt der Regen, macht ihn nass.
Kommt der liebe Sonnenschein,
diese, diese soll es sein.

Spielablauf
Die Kinder stellen sich im Kreis auf und fassen sich an den Händen. Sie singen das Lied. Ein Kind geht dazu im Kreis herum. Bei „Platz gemacht ...." kann es die Kreisfassung „durchschlagen" und auch den Außenraum begehen. Es geht dann wieder in den Kreis hinein und sucht sich ein Kind aus, das mit ihm geht. Dieses Kind wird jetzt AnführerIn der Reihe. Die „Kinderschlange" wird dadurch immer länger.

20 Sonnenblumen beginnen zu blühen.

© Ökotopia Verlag/ M. Wieber/Sprachförder-Ideen JAHRESZEITEN

Sommer

Sonnenblumen

Gut zu wissen

- Die Sonnenblume ist eine „Kompasspflanze": sie dreht ihren Blütenkopf immer der Sonne zu: morgens nach Osten, mittags nach Süden, abends nach Westen. Nachts dreht sie ihren Blütenkopf wieder zurück in Richtung Osten. Dort geht die Sonne wieder auf.
- Um ihren Kopf so drehen zu können, hat sie unter ihrem Blütenkopf am Stiel „Blätterfalten", die es ihr ermöglichen, den Kopf mit dem Verlauf der Sonne zu drehen.
- Sonnenblumen können bis zu zwei Meter hoch werden.
- Der Stängel der Sonnenblume ist rauhaarig.
- Die grünen, oftmals recht großen Blätter sind herzförmig.
- Die großen Blüten können einen Durchmesser von 10-40 cm erreichen.
- Der Blütenkorb der Sonnenblume hat sowohl äußere, gelbe, 6-10 cm lange Blütenblätter und innere braune, kurze Röhrenblüten.
- Aus jeder kleinen inneren Röhrenblüte wächst ein Sonnenblumenkern.
- In der Sonnenblume wachsen durchschnittlich ca. 1200 Sonnenblumenkerne.
- Sonnenblumenkerne sind Samen und werden von Menschen und Tieren (Vogelfutter) gegessen.
- Aus den Kernen wird Sonnenblumenöl hergestellt. Für 1 Liter Öl benötigt man die Kerne von ca. 60 Blütenköpfen.

Sonnenblume, Sonnenblume ...
Sprechvers mit Instrumenten als Konzentrationsspiel

Sonnenblume, Sonnenblume *Glöckchen*
zeig uns dein Gesicht.
Drehst deinen Kopf zur **Sonne** hin, *Triangel*
den Schatten magst du nicht.

Sonnenblume, Sonnenblume, *Glöckchen*
jeder kann dich sehn.
Deine gelben **Blütenblätter** *Zimbeln*
leuchten wunderschön.

Sonnenblume, Sonnenblume, *Glöckchen*
du bist nicht allein.
Viele **Bienen**, viele **Hummeln** *Rasseln*
wollen Freunde sein.

Sonnenblume, Sonnenblume, *Glöckchen*
du hast viele Kerne.
Die **Vögel** in der Winterzeit, *Klanghölzer*
die fressen sie so gerne.

Spielablauf

Den Begriffen (Tätigkeiten) Instrumente zuordnen, z. B.: Sonnenblumen – Glöckchen, Sonne – Triangel, usw.
Die Kinder suchen sich eine Wort-Instrumentengruppe aus. Den Text nun langsam sprechen. Sobald ein Kind sein Stichwort hört, spielt es dazu kurz sein Instrument.
Wichtig: Während des Sprechens genügend Zeit zum Spiel der Instrumente lassen.

21 Unwetter und Gewitter im Sommer

Unwetter

Gut zu wissen

- Damit ein Gewitter entstehen kann, müssen bestimmte Temperaturen vorherrschen und bestimmte Wolken am Himmel sein.
- Wolken haben verschiedene Namen, je nachdem wie sie aussehen und in welcher Höhe sie vorkommen.
- Sie können länglich oder rund sein, wie Streifen, Fetzen, Wattebällchen oder Wolkenhaufen aussehen oder sich wie große Türme oder Pilze von unten nach oben auftürmen. Sie heißen dann z. B. „Hohe Schichtwolken", „Schauer- oder Gewitterwolken" oder „Tiefe Haufenwolken".
- Schauer- oder Gewitterwolken steigen durch die Sonnenerwärmung schnell pilzartig von unten nach oben auf und es entsteht eine sehr große und hohe Wolke. Unten ist diese Wolke sehr warm, oben jedoch sehr kalt. Dadurch steigen die vielen kleinen Wassertröpfchen im warmen Teil ständig auf und fallen in dem kalten Teil ständig wieder runter.
- Diese Bewegung der Wassertröpfchen lädt die Wolken mit Elektrizität auf. Diese entlädt sich und ist als Blitz zu sehen. Durch den Blitz dehnt sich die Luft explosionsartig aus. Das hört man als Donner.
- Die kleinsten Wassertröpfchen in den Gewitterwolken fallen als Regentropfen, wenn sie so schwer geworden sind, dass sie nicht mehr schweben und aufsteigen können.
- Bei Gewitter solltest du niemals Schutz unter einem Baum suchen und auch nicht im Wasser schwimmen.

Der Wind bläst sanft,
die Wolken ziehen.
Der Wind bläst Sturm,
wild um den Turm.

Die Gewitterwolken grumpeln,
die Donnerklänge rumpeln.
Der Blitz schlägt ein,
ist gar nicht fein …

Ein Donnerschlag jetzt kracht,
hat was kaputt gemacht.
Die Regentropfen hüpfen,
und spritzen in den Pfützen.

Die Wasserbäche rinnen
von Dächern und von Zinnen.
Das Wasser, das fließt fein
schnell in den Bach hinein.

Die Sonne kommt und lacht,
hat alles trocken gemacht.
Wir können wieder raus,
die Geschichte ist jetzt aus!

Gewitter
Rückenmassage

Überall sanft mit der flachen Hand über den Rücken streichen.
Langsam von links nach rechts streichen.
In schnellen Kreisbewegungen mit der flachen Hand über den Rücken streichen.

Mit der Faustrückseite kleine kreisende Bewegungen …
… leicht mit der aufgestellten Faust von oben nach unten trommeln.
Abwechselnd mit den flachen Händen rechts und links der Wirbelsäule patschen.

Einzelne Patscher, gleichzeitig mit beiden Händen, von oben nach unten.
Auf den Rücken patschen.
Mit den Fingern auf den Rücken tippen.
Mit den flachen Händen nach rechts und links streichen.

Mit den Fingern Wellenlinien von oben nach unten auf den Rücken „zeichnen".
Mit flachen Händen seitlich der Wirbelsäule von oben nach unten bis über den Po streichen.

Mit dem Finger einen großen Kreis auf den Rücken „malen", …
… rechts herum und links herum.
Kleine Patscher verteilt über den gesamten Rücken.

Spielablauf

Die Kinder finden sich paarweise zusammen: ein Kind liegt auf dem Bauch, das andere kniet seitlich neben dem liegenden Kind und führt die Massage aus. Wenn möglich, die Massage mit beiden Händen gleichzeitig durchführen. Am Ende Rollenwechsel.
Wichtig: Einwilligung der Kinder; nicht verletzen; keine festen Berührungen auf der Wirbelsäule. Jede Verszeile langsam sprechen und Zeit für die Tätigkeit lassen.

Schöne warme Sommerzeit

Sommerfreuden

Gut zu wissen

- Der Sommer ist bei uns die wärmste Jahreszeit.
- In der Sommerzeit sind die Tage am längsten.
- Im Sommer gibt es den längsten Tag des Jahres. Das ist der Tag der Sommersonnenwende am 21. Juni bei uns auf der Nordhalbkugel.
- Die Sommerzeit wird in den Frühsommer, Hochsommer und Spätsommer unterteilt.
- Der Frühsommer beginnt schon am Ende des Frühlings, wenn noch die Frühlingsblumen auf den Wiesen blühen und das Gras wächst.
- Im Hochsommer beginnt bereits die Erntezeit. Obst und viele Beeren sowie das Getreide werden jetzt reif. Das Heu wird geerntet.
- Der Spätsommer reicht mit seinem Anfang in die Herbstzeit hinein. Jetzt beginnt schon die Kartoffelernte auf den Feldern.
- Der lange und warme Sonnenschein stimmt im Sommer die Welt freundlicher und lässt die Menschen fröhlicher und aktiver sein.
- Jeder ist gerne draußen im Freien und genießt die warme Jahreszeit, die Sommerzeit ist Urlaubs- und Ferienzeit.

Kinder im Sommer
Bewegungs- und Ratespiel

Wenn ich könnte, wie ich wollte,
würd' ich gern ein **Ferkel** sein.
Würd' gern in der Matsche patschen,
spräng in jede Pfütze rein!

Wenn ich könnte, wie ich wollte,
würd' ich gern ein **Maulwurf** sein.
In die Erde Löcher graben,
buddeln, wühlen, das wär fein!

Wenn ich könnte, wie ich wollte,
würd' ich gern ein **Lama** sein.
Dürfte alle frech anspucken,
ganz egal, ob groß, ob klein!

Wenn ich könnte, wie ich wollte,
würd' ich gern ein **Löwe** sein.
Dürfte immer ganz laut brüllen,
und wär König, ich allein!

Wenn ich könnte, wie ich wollte,
würd' ich gern ein **Stinktier** sein.
Könnte pupsen, wann ich wollte,
vor den andern und allein.

Wenn ich könnte, wie ich wollte,
würd' ich gern ein **Faultier** sein.
Nur das tun, was ich gern wollte,
läge faul im Sonnenschein.

Wenn ich könnte, wie ich wollte,
würd' ich gern ein **Braunbär** sein.
Groß und stark mit meinen Tatzen
schücht're ich dann alle ein!

Wenn ich könnte, wie ich wollte,
würd' ich gern ein **Adler** sein.
Meine starken Flügel schwingen,
oben bei den Wolken sein!

Wenn ich könnte, wie ich wollte,
würd' ich gern ein **Mäuslein** sein.
Süßes naschen, Speck anknabbern,
Käse essen, wär das fein!

Spielablauf
Zu dem gesprochenen Text spielen die Kinder die verschiedenen Tiere.

Variante
Für ein Ratespiel stellt ein Kind pantomimisch ein Tier da, die anderen Kinder erraten, um welches Tier es sich handelt.

HERBST

© Ökotopia Verlag/ M. Wieber/Sprachförder-Ideen JAHRESZEITEN

Herbst

Gut zu wissen „Herbst"

- Der Herbst ist eine der vier Jahreszeiten auf unserer nördlichen (und der südlichen) Erdhalbkugel.
- Der Herbst liegt zwischen den Jahreszeiten Sommer und Winter.
- Zu den Herbstmonaten gehören nach dem Kalenderjahr die Monate September, Oktober und November.
- Der Herbst beginnt aus Sicht der Astronomie (Wissenschaft, die sich mit den Himmelkörpern beschäftigt) auf der Nordhalbkugel mit dem Tag der Herbsttagundnachtgleiche am 22. oder 23. September.
- Der Herbst ist die Zeit der Ernte und der Vorbereitung auf den kommenden Winter.
- Im Herbst verabschiedet sich die Natur von der Zeit des Wachsens und Erntens und stellt sich auf die Zeit der Ruhe im Winter ein.
- Alles wird im Herbst zu einem Abschluss gebracht, um sich auszuruhen und zu entspannen für den Neubeginn im Frühjahr.
- Menschen, Tiere und Pflanzen müssen sich auf die kalte und nahrungsarme Zeit des Winters vorbereiten.
- Menschen ernten ihre Früchte und lagern sie für den Winter vor. Damit sorgen sie für den Winter vor, in dem keine Nahrung bei uns neu heranwächst.
- Tiere stellen sich im Herbst auf den Winter ein und sorgen auch mit Nahrungsvorräten vor.
- Zugvögel verlassen unseren Lebensraum und fliegen in ihre warmen Überwinterungsgebiete.
- Pflanzen entwickeln sich zurück, lagern ihre Energien in den Wurzeln und Knollen ein.
- Einige Pflanzen bereiten sich schon im Herbst für das Wachstum im nächsten Frühjahr vor: Sie bilden schon Knospen für Blüten und Blätter.
- Bäume werfen ihre Blätter ab und bereiten so auch ihre Winterruhe vor.
- Die Menschen feiern Erntefeste und danken so für ausreichende Nahrung.
- Das Wetter wird kalt und ungemütlich. Die Tage werden durch den flacher werdenden Sonnenstand kürzer und kühler.

23 Die Blindschleiche kriecht in ihr Winterversteck.

© Ökotopia Verlag/ M. Wieber/Sprachförder-Ideen JAHRESZEITEN

Herbst

Die Blindschleiche

Gut zu wissen „Tiere bereiten sich auf den Winter vor"

- Tiere, die nicht vor dem Winter flüchten, bereiten sich auf den Winter vor.
- Sie fressen sich für den Winterschlaf Fettreserven an (z. B. Igel, Hamster).
- Sie legen Nahrungsmitteldepots an (z. B. Eichhörnchen).
- Sie suchen ein frostsicheres Winterversteck und fallen in die Winterstarre (z. B. Schlangen, Schnecken, Würmer, Fische, Schmetterlinge). Das macht auch die Blindschleiche.
- Sie polstern ihre Schlafhöhle warm aus (z. B. Murmeltiere).
- Sie bekommen ein dickes Winterfell (z. B. Schafe, Hasen).
- Die Fellfarbe verändert sich von Braun in Weiß (z. B. beim Hermelin).
- Schnecken suchen einen frostsicheren Platz in der Erde und verschließen ihr Schneckenhaus mit einem Kalkdeckel.
- Bienen leben von ihrem energiereichen Winterfutter, dem Honig, und kuscheln sich eng in ihrer Wintertraube im Bienenstock zusammen.
- Bei Wespen, Hornissen und Hummeln überleben nur die Königinnen den Winter.
- Tiere, die den Winter aktiv wach überleben, suchen unter dem Schnee nach Futter, nagen die Rinde und die Zweige der Bäume an. Förster und Jäger stellen im Wald Futterkrippen auf. Vögel werden in den Vogelhäuschen gefüttert.
- Zugvögel und einige Schmetterlingsarten fliegen in den warmen Süden zum Überwintern.

Tiere im Winterversteck
Bewegungsspiel

Blindschleiche, Igel, Hase, Fuchs und kleine Maus verstecken sich im Herbst ganz schnell in ihrem Winterhaus.

Blindschleiche, Blindschleiche, sag im Nu, wo steckst du?

Alle Blindschleichen kommen raus, kommen raus, kommen raus.
Kommen jetzt aus ihrem Haus heraus und schleichen hier herum...
Alle Blindschleichen schleichen weg, schleichen weg, schleichen weg.
Schleichen wieder ganz schnell weg in ihr Winterversteck.

Alle Igel (Hasen, Füchse, Mäuse) kommen raus, ... (s.o.)

Igel, Igel sag im Nu ... (s.o.)
Hase, Hase sag im Nu ... (s.o.)
Fuchs, Fuchs sag im Nu ... (s.o.)
Maus, Maus sag im Nu ... (s.o.)

Weitere Tiere fragen:
Eichhörnchen, Meise, Reh, Wildschwein, Marienkäfer, Schmetterling, Biene, Dachs ...

Spielablauf

Gespräch: *„Wie überwintern die Tiere?", „Wie heißen die „Wohnungen" und die „Winterverstecke" der Tiere?"*

Spiel: Die Kinder entscheiden sich, welche Tiere sie sein möchten und suchen sich ihr Versteck im Raum. Die Spielleitung spricht oder singt (einfach) den Vers. Die betreffenden Tiere kommen heraus, erzählen, wo sie sich für den Winter verstecken und spielen das Spiel.

24 Die Zugvögel fliegen nach Süden.

Zugvögel

Gut zu wissen

- Zu den Zugvögeln gehören die Vögel, die regelmäßig verschiedene Jahreszeiten an verschiedenen Orten verbringen. Sie verlassen immer zur selben Zeit ihre gewohnten Brutgebiete.
- Sie fliegen auf den gleichen Routen in ihre Winterquartiere und kommen auf den gleichen Routen im darauffolgenden Frühling wieder zurück.
  - Heimische Zugvögel sind u.a. Star, Schwalbe, Kuckuck, Kiebitz, Kranich, Storch, Gans. Sie fliegen weg, weil sie hier im Winter nicht ausreichend Nahrung finden.
- Sie kommen regelmäßig zurück, da sie hier im Frühling und Sommer optimale Bedingungen zur Aufzucht ihrer Jungen haben, denn durch die Witterungsbedingungen hier bei uns gibt es im Sommer wieder genügend Insekten, Amphibien, Kleintiere und Pflanzen.
- Die Tage sind hier länger als in südlicheren Ländern. So kann täglich länger Nahrung gejagt und die Jungen gefüttert werden.
- Aus dem Norden Europas kommen auch Vögel zu uns, die hier bei uns überwintern und im Frühling wieder zurück in ihre nördlichen Brutgebiete fliegen.
- Die Flugrichtung und die Flugdauer ist den Vögeln angeboren. Zur Orientierung benutzen die Vögel einen „inneren Kompass", den Stand von Sternen und der Sonne und besondere Landformationen.
- Als innerer Kompass haben die Vögel Magnetfeld-Rezeptoren.
- Manche Zugvögel ändern ihr Verhalten und bleiben wegen des wärmeren Wetters auch im Winter hier, so. z. B. einige Gänse- und Entenvögel.

Schnitter, Schnatter, Schnatterei!
Vers und Bewegungsspiel

Schnitter, Schnatter, Schnatterei,
alle Gänse sind dabei.
Schnattern laut und schnattern leise,
schnattern in der Gänseweise.
Schnattern hier und schnattern da,
schnattern in der Gänseschar.

Kommt jedoch der Fuchs ums Haus,
ist`s mit dem Geschnatter aus!
Jede Gans, im hohen Bogen,
ist schnell auf den See geflogen.
Sitzt jetzt dort und schnattert schön.
Lieber Fuchs: „Auf Wiedersehn!"

Spielablauf

Die Kinder in zwei Gruppen aufteilen: Gänsekinder und Fuchskind(er), zwei Bodenmatten bilden den See. Die Spielleitung spricht den Vers. Dazu laufen die Gänsekinder laut schnatternd im Raum herum. Der Fuchs kommt „ums Haus" und versucht eine Gans zu fangen. Die Gänse bringen sich auf dem See (den Matten) in Sicherheit.
Die gefangene Gans tauscht mit dem Fuchs die Rolle oder alle gefangenen Gänse werden zu Füchsen – die letzte Gans ist dann Sieger.

25 Die Blätter der Bäume verfärben sich.

Herbstlaub

Gut zu wissen

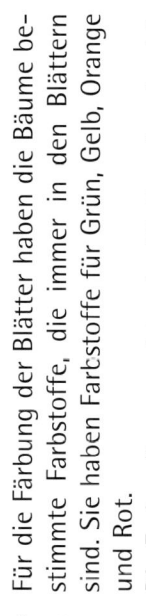

- Für die Färbung der Blätter haben die Bäume bestimmte Farbstoffe, die immer in den Blättern sind. Sie haben Farbstoffe für Grün, Gelb, Orange und Rot.
- Die Farbe, die am meisten im Blatt vorhanden ist, bestimmt das Aussehen.
- Sobald die Blätter aus den Knospen herauswachsen, bilden sie mit dem Farbstoff Chlorophyll das Blattgrün.
- Im Frühling sind die Blätter hellgrün, im Sommer werden sie dunkelgrün. Mit Hilfe der grünen Blätter und dem Sonnenlicht bildet der Baum seine Nährstoffe. Diesen Vorgang nennt man die Fotosynthese.
- Da im Winter die Sonne weniger scheint und das Wasser in den Blättern gefrieren würde, gibt es im Winter keine Fotosynthese. Der Baum braucht seine Blätter daher nicht mehr.
- Im Herbst zieht der Baum den grünen Farbstoff aus den Blättern heraus und lagert ihn in den Zweigen, dem Stamm und den Wurzeln ein.
- Das grüne Chlorophyll verschwindet ganz und die Blätter werden gelb, orange und rot. Braun wird das Blatt, wenn es stirbt.
- Um sich von seinen bunten Blättern zu trennen, unterbricht der Baum zusätzlich die Wasserversorgung der Blätter. So entsteht ein „Bruchstelle" am Blattstiel und der Wind kann ganz leicht das verfärbte Blatt vom Baum wehen.

Wind und Blätter

Bewegungsspiel und Musikimprovisation mit Stimmen und Trommel

Ich bin der Wind!
ich hol' euch geschwind!
Ich wirbel euch herum
und dann liegt ihr stumm.
Doch wenn ich will,
liegt ihr nicht mehr still.
Ich heb euch sehr sanft an
und zeig euch, was ich kann.
Dann blas ich ganz fest!
Ihr seid dann gestresst.
Ihr fliegt schnell auf und nieder,
immer, immer wieder.
Doch dann werd ich müde,
bekomme kalte Füße.
Die Puste geht mir aus
und ich verschwind' nach Haus.
Sch, ... sch, ... sch. Aus!

Stimme: *Sch, ... sch, ... sch.* **Handtrommel:** *Mit den Fingern/der Hand schnell auf dem Fell hin- und herreiben.*
im Kreis auf dem Fell der Handtrommel herum reiben
ganz leise reiben
mit den Fingernägeln lauter reiben
laut und schnell hin- und herreiben
schnell und fest von rechts nach links über die Trommel wischen
schnell, langsam, laut, leise trommeln
Stimme: *Sch, ... sch, ... sch.*

Handtrommel: *dynamisch laut und schnell reiben, wischen, trommeln*
Handtrommel *langsamer reiben, wischen, trommeln*
leiser reiben, wischen, trommeln
ganz leise wischen und reiben

Ruhe! Stille!

Spielablauf

Die Kinder in drei Gruppen einteilen: Sprechgruppe „Wind", Blätterkinder und Trommelkinder. Die Blätterkinder spielen die Blätter entsprechend des Textes, die Trommelkinder spielen begleitend die Geräuschimprovisation auf der Handtrommel.
Wichtig! Dazu langsam sprechen und Zeit für die Aktionen lassen.

26 Die Kartoffeln werden geerntet.

© Ökotopia Verlag / M. Wieber/Sprachförder-Ideen JAHRESZEITEN

Herbst

Kartoffelernte

Gut zu wissen

- Kartoffeln sind die unterirdischen Knollen der Kartoffelpflanze, die sich an den Wurzeln und deren Ausläufern bilden.
- Die oberirdische Kartoffelpflanze, die Beeren, Keimlinge der Knollen und die grünen Kartoffeln enthalten einen Giftstoff und sind giftig. Kartoffeln sollen nicht roh gegessen werden.
- Kartoffeln sind zurzeit das wichtigste Gemüse der Welt.
- Kartoffeln stammen aus Südamerika, wo sie schon seit langer Zeit als Nahrungsmittel bekannt sind.
- Die Kartoffeln wurden von den Seefahrern im 16. Jahrhundert von Amerika nach Europa gebracht.
- Wenn der Boden warm genug ist, werden im April die Mutterknollen oder Saatkartoffeln in die Erde gelegt.
- Aus ihr wachsen Triebe, aus denen oberirdisch Stängel und Blätter wachsen und unterirdisch Wurzeln mit Ausläufern und Kartoffelknollen.
- Frühkartoffeln können schon im Juni geerntet werden. Die Lagerkartoffeln werden im September geerntet.
- Ungewaschen lagern sie in einem dunklen, kühlen Keller den ganzen Winter lang.

Kartoffeln, Kartoffeln ...
Rhythmischer Sprechvers

Kar-**tof**-feln, Kar-tof-feln, so **dick** und so **rund**,
Kar-**tof**-feln, Kar-tof-feln, sie **sind** so ge-**sund**,
Kar-**tof**-feln, Kar-tof-feln, sie **wach**-sen am **Strauch**,
ganz **tief** in der **Er**-de, ich **es**-se sie **auch**.

Sind **sie** dann ge-**bra**-ten, so **sind's** Brat-kar-**tof**-feln,
im **Was**-ser ge-**kocht** wer-den **sie** zu Pell-kar-**tof**-feln.
Kommt **Salz** noch ins **Was**-ser, kom-men **Salz**-kar-tof-feln **raus**,
ge-**schnit**-ten, ge-**ras**-pelt wer-den Kar-**tof**-fel-puf-fer **draus**!

Spielablauf

Den Vers rhythmisch sprechen und mit den körpereigenen Instrumenten wie klatschen patschen, stampfen usw. begleiten. Der Vers kann auch in Gruppen unterteilt gesprochen und mit Instrumenten begleitet werden. Er gibt Anregungen zu den darin genannten Kartoffelgerichten.

Kartoffeldruck
Kreatives Gestalten

Die Spielleitung schneidet die Kartoffeln mit einem scharfen Messer durch. Die Kinder malen die Schnittfläche mit Wasserfarben an und drucken damit Kartoffelspuren auf Papier. Durch die unterschiedliche Größe und Kartoffelform ergeben sich sehr unterschiedliche Abdrücke und somit unterschiedliche Spuren. Durch die Farbwahl und die Anordnung der Druckspuren entstehen Muster.
Aus den Kartoffeln können auch bestimmte Formen (Kreis-, Stab-, Quadrat-, Rechteck-, Vieleckstempel usw.) geschnitten und damit gestempelt werden.

27 Äpfel reifen heran und werden geerntet.

Herbst

Apfelernte

Gut zu wissen

- Äpfel gehören zur Gattung der Kernobstgewächse.
- Äpfel, die wir essen, sind Kulturäpfel, die aus wilden Arten gezüchtet wurden.
- Seit dem Mittelalter werden Apfelbäume bei uns in Europa angebaut.
- Weltweit gibt es ca. 20 000 Apfelsorten.
- Apfelbäume blühen im Frühjahr von April bis Mai. Die Haupterntezeit ist im Herbst bis Oktober.
- Der Apfel umschließt mit seinem Fruchtfleisch die Samen des Apfels, die Kerne.
- Das Kerngehäuse des Apfels besteht aus fünf kleinen Kammern, in denen die Apfelkerne liegen.
- An der Oberseite des Apfels sitzt der Stiel; an der Unterseite der Blütenrest der Apfelblüte.
- Äpfel und besonders die Apfelschale sind sehr gesund. Sie enthalten viele Vitamine, Mineralstoffe und Spurenelemente.
- Im Fruchtfleisch des Apfels sind viele Fruchtsäuren enthalten. Als „Zahnbürste der Natur" reinigt er sehr gut die Zähne.
- Äpfel bleiben bei richtiger Lagerung auch im Winter lange haltbar.

Der kleine rote Apfel
Lied

Melodie in Anlehnung an:
„Spannenlanger Hansel, nudeldicke Dirn",
volkstümlich

Ein kleiner roter Apfel
hängt hoch im Apfelbaum.
Er hängt dort in der Sonne,
träumt seinen Apfeltraum.
Dann kommen plötzlich Hände
und pflücken ihn geschwind.
Jetzt wird er fest gehalten
von einem lieben Kind.

Mein lieber kleiner Apfel,
du gefällst mir sehr.
Ich möchte dich behalten,
und geb dich nicht mehr her.
Ich möchte dich auch essen,
oja, du schmeckst mir fein,
ich beiße voller Freude,
jetzt fest in dich hinein.

28 Die Haselnüsse sind reif.

© Ökotopia Verlag/ M. Wieber/Sprachförder-Ideen JAHRESZEITEN

Nussernte

Gut zu wissen

- Nüsse sind Samen.
- Samen haben unterschiedliche Namen, z.B. Nüsse, Kerne, Körner, Körnchen, Steine, Zapfen, Bohnen.
- Diese Samen sind bei den meisten Pflanzen im Herbst ausgewachsen und werden geerntet.
- Den Samen benötigt die Pflanze genauso wie die Tiere und Menschen, um sich zu vermehren und fortzupflanzen.
- Um diese Samen gut zu schützen, werden sie entsprechend sicher verpackt: in Schalen, Hüllen und in Fruchtfleisch.
- Zum Verbreiten dieser Samen benötigt die Pflanze Helfer, die sie gerne in der Natur verteilen. Neben dem Wind sind das Tiere und Menschen.
- Um dieses Verteilen den Tieren und Menschen im wahrsten Sinne des Wortes schmackhaft zu machen, sind bei einigen Pflanzen die schwer zu öffnenden und weniger gut schmeckenden Samen in nahrhaftes Fruchtfleisch verpackt.
- Das Fruchtfleisch wird gegessen, der Kern oder Stein wird weggeworfen und kann sich so an anderer Stelle wieder zur neuen Pflanze entwickeln.
- Nüsse, die wir von ihrer schützenden Schale befreien können, gehören zu unserer Nahrung. Sie liefern uns wertvolle Energie, Vitamine und Mineralien.
- Haselnüsse, Walnüsse, Eicheln und Bucheckern sind die bekanntesten einheimischen Nussarten.

Nüsslein, Nüsslein ...
Sing- und Ratespiel

Melodie und Text in Anlehnung an: „Ringlein, Ringlein du musst wandern"

Nüsslein, Nüsslein, du musst wandern,
von dem einen Ort zum andern.
Oh, wie lustig, oh wie schön,
will das Nüsslein wandern gehn.

Spielablauf

Ein Kind versteckt die Nuss, ein anderes Kind sucht sie. Die Kinder sitzen dazu in Kreisform, die Hände liegen mit aneinanderliegenden Handflächen im Schoß, bilden eine kleine „Tasche".

Während das Lied gesungen wird, versteckt ein Kind die kleine Nuss, indem es diese, von Kind zu Kind gehend, zwischen seinen zusammengelegten Handflächen haltend, in eine „Handtasche" eines Kindes gleiten lässt. Jedes Kind im Kreis tut nun so, als hätte es die Nuss erhalten. Ist das Lied gesungen, versucht das „Ratekind" zu erraten, wer die Nuss in seinen Händen hält.

Sobald die Nuss gefunden wurde, wird das Kind, das die Nuss hatte, zum „Nussversteckter" und das „Ratekind" bestimmt eine/n Nachfolger/in.

Kastanien fallen von den Bäumen.

Herbst

Kastanien

Gut zu wissen

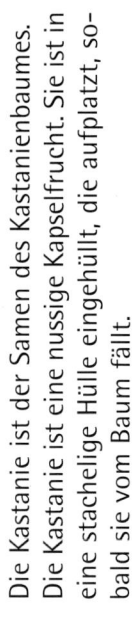

- Die Kastanie ist der Samen des Kastanienbaumes.
- Die Kastanie ist eine nussige Kapselfrucht. Sie ist in eine stachelige Hülle eingehüllt, die aufplatzt, sobald sie vom Baum fällt.
- Es gibt Esskastanien, die wir Menschen essen.
- Die Rosskastanien sind sehr nahrhaft und werden von Tieren, besonders von Wildschweinen und Eichhörnchen sehr gerne gegessen.
- Kastanienbäume blühen Ende April und Mai in den Farben Rot oder Weiß.
- Kastanien sind im Herbst reif.
- Im Frühling beginnen die Kastanien, die den Winter auf dem Boden in der Natur verbracht haben, wieder neu zu keimen: ein neuer Kastanienbaum wächst daraus heran.
- Kastanienbäume können bis zu 300 Jahre alt werden.

Die kleine Kastanie
Sprechspiel mit Geräuschimprovisationen

Kleine Kastanie, rund und braun,
kleine Kastanie schön anzuschaun.
Kleine Kastanie, liegst warm in meiner Hand,
träumst einen Traum aus dem Kastanienland.
Die Kastanie in den Händen hin- und herreichen.
Die Kastanie in der geschlossenen Hand halten.

Kleine Kastanie, ich kann dich hören,
kleine Kastanie, das wird niemanden stören.
Kleine Kastanie, ich nehm dich und klopf,
erst leise, dann laut auf den Suppentopf.
Die Kastanie auf einen alten Topf o. Ä. klopfen.
Die Kastanie erst leise, dann laut auf einen alten Topf o. Ä. klopfen.

Kleine Kastanie, du rollst hin und her,
kleine Kastanie, das fällt dir nicht schwer.
Kleine Kastanie, du rollst auch weit weg,
bleibst ruhig liegen an diesem Fleck.
Die Kastanie auf dem Boden hin- und herrollen.
Die Kastanie mit Schwung weit weg rollen.

Spielablauf

Die Kinder sprechen den Vers und führen dazu die Geräusche mit den Kastanien aus. Ist der Vers zu Ende gesprochen, holen sich die Kinder ihre oder eine andere Kastanie und das Spiel beginnt neu.

30 Herbstnebel beeinträchtigen die Sicht.

© Ökotopia Verlag/ M. Wieber/Sprachförder-Ideen JAHRESZEITEN

Herbstnebel

Gut zu wissen

- Für Regen, Nebel und Schnee brauchen wir Wolken.
- Wolken sind große Gebilde hoch am Himmel, in denen sich unzählige winzige Wassertröpfchen sammeln.
- Diese Wolken entstehen, wenn die Sonne auf das Meer, Seen, Flüsse und Bäche scheint und dadurch Wasser verdunstet.
- Dieser Wasserdampf ist in der warmen Luft unsichtbar, leicht und steigt nach oben.
- Oben in der Atmosphäre ist es kälter. Aus dem unsichtbaren Wasserdampf entstehen dort oben viele winzige, sichtbare Wassertröpfchen: die Wolken.
- Diese winzigen Wassertröpfchen sind in den Wolken so leicht, dass sie schweben können.
- Nebel ist eine mit Wassertröpfchen gefüllte Wolke, die dicht über dem Erdboden liegt.
- Nebel ist bei uns verstärkt im Herbst zu sehen.
- In der warmen Luft im Sommer kann mehr Feuchtigkeit gespeichert werden, die wir so nicht sehen.
- Im Herbst wird die Luft kühler und kalte Luft kann nicht so viel Feuchtigkeit speichern.
- Die vielen klitzekleinen Wassertröpfchen sehen wir in der kühleren Herbstluft als Nebel.
- Außerdem kühlt die Luft nachts in Bodennähe stärker ab. Dadurch sind die Nebelwolken auf dem Boden.
- Scheint die Sonne auf den Nebel, wird die Luft wieder erwärmt. Sie kann wieder mehr Feuchtigkeit aufnehmen und die klitzekleinen Wassertröpfchen verdunsten zu unsichtbarem Wasserdampf.

Nebel
Sprechspiel mit Bewegung

Ni-bel, Na-bel, Nu-bel, Ne-bel,
Wi-bel, Wa-bel, Wu-bel, We-bel,

Ti-bel, Ta-bel, Tu-bel, Te-bel,
Si-bel, Sa-bel, Su-bel, Se-bel.
Kommt die Sonn' aus ihr'm Ver-steck,
Wusch ..., ist er weg!

Im Sitzen rhythmisch klatschen.
Im Sitzen rhythmisch auf die Oberschenkel patschen.
Aufstehen und stehend mit den Füßen stampfen.
Zum Rhythmus klatschend im Raum umhergehen.
Alle Kinder suchen sich ein Versteck.

31 Der Herbstwind lässt die Drachen steigen.

© Ökotopia Verlag/ M. Wieber/Sprachförder-Ideen JAHRESZEITEN

Drachensteigen

Gut zu wissen

- Der Herbst ist die Zeit des Drachensteigens. Jetzt wehen dafür die besten Winde.
- Wind ist bewegte Luft, die man nicht sehen kann.
- Man kann den Wind spüren, ihn hören und sehen, was er bewegt.
- Wenn sich die Luft langsam bewegt, spürt man sie nur wenig. Wir sagen dann: „Es ist windstill".
- Bewegt sie sich schnell oder sogar sehr schnell, kann das gefährlich werden, denn starke Winde haben zerstörerische Kräfte.
- Die Kraft des Windes wird in „Windstärken" gemessen. Entsprechend der Luftbewegung und der damit entstehenden Kraft sprechen wir von einem „Lüftchen", Wind, Sturm oder Orkan.
- Luftbewegungen und somit Winde entstehen durch unterschiedlich warme oder kalte Luftschichten.
- Erwärmte Luft dehnt sich aus, wird leichter und steigt nach oben. Kühlere und kalte Luft braucht weniger Platz, ist schwerer und bleibt unten.
- Lässt man einen Drachen steigen, stellt sich der Drachen dem Wind entgegen. Dabei bläst der Wind gegen das Drachensegel und gleitet dabei über die Ober- und Unterseite des Segels. Dabei entsteht die Kraft des Auftriebs, die jeden Gegenstand, der in der Luft gehalten wird, nach oben drückt. Dadurch fliegt der Drachen.

Herbst
Sprechspiel mit Instrumenten

Wenn im Herbst die **Dra**-chen stei-gen
und **wir** nach war-men **Jac**-ken grei-fen,
dann weiß je-der **weit** und breit,
so **ist** das in der **herbst**-li-chen Zeit.

Metallophon von tiefer zu hohen Tönen spielen.
Frei auf dem Metallophon spielen.
Beide Instrumente gemeinsam spielen.

Wenn im Herbst die **Blät**-ter fal-len,
und die grau-en **Ne**-bel wal-len,
dann weiß je-der **weit** und breit,
jetzt **ist** vor-bei die **Som**-mer-zeit.

Rasseln
Schellenstab
Beide Instrumente gemeinsam spielen.

Wenn im Herbst die **Äp**-fel rei-fen
und wir nach den **Trau**-ben grei-fen,
dann weiß je-der **weit** und breit,
jetzt **ist** sie da, die **Ern**-te-zeit.

Klanghölzer
Holzblocktrommel
Beide Instrumente gemeinsam spielen.

Wenn wir mit La-**ter**-nen leuch-ten
und ver-klei-det **Gei**-ster scheu-chen,
dann weiß je-der **weit** und breit,
das **ist** so in der **Dun**-kel-heit.

Triangel
Alle rufen: „Huuuuuuh...!
Klanghölzer und Triangel gemeinsam einsetzen.

Wenn im Herbst die **Vö**-gel flie-gen
und die Tie-re **sich** ver-krie-chen,
dann weiß je-der **weit** und breit,
jetzt **kommt** sie bald, die **Win**-ter-zeit.

Glissando auf dem Glockenspiel.
Auf dem Fell der Handtrommel reiben.
Beide Instrumente gemeinsam spielen.

Spielablauf

1. Den Text rhythmisch sprechen und abwechselnd mit Klatschen und Patschen begleiten.
2. Den einzelnen Textzeilen Instrumente zuordnen, die den Text rhythmisch oder frei begleiten.

Halloween wird gefeiert.

Halloween

Die Geister sind da! 🎵
Kreisspiel-Lied

Melodie in Anlehnung an „Der Sandmann ist da ..."

Gut zu wissen

- Das Halloweenfest ist ein sehr altes Fest und stammt vom Volk der Kelten in Irland.
- Schon vor über 2 000 Jahren feierten die Kelten am 31. Oktober das Ende des Sommers und das Ende ihres Jahres. Nach ihrem damaligen Kalender endete ihr Jahr nämlich an diesem Tag.
- Damals glaubten die Kelten, dass ihre Verstorbener in der Nacht vom 31. Oktober auf den 1. November als Geister in ihre Häuser auf die Erde zurückkommen würden.
- An Halloween verkleiden sich Erwachsene und Kinder als Gespenster, Geister, Monster, Hexen, Zauberer oder Vampire. Durch diese Verkleidungen sollen die Geister abgeschreckt werden.
- Die Kürbislaterne entwickelte sich aus einer alten irischen Sage und war ursprünglich eine Rübenlaterne.
- Um symbolisch böse Geister abzuschrecken, schneidet man Fratzen in die Kürbislaternen. Dieser Brauch wurde gemeinsam mit dem Sammeln von Süßigkeiten über die USA und Kanada in den 1990er Jahren zu uns nach Europa gebracht.
- Mit dem Spruch „Süßes oder Saures" – „trick or tread" („Streich spielen oder Süßigkeiten") gehen die Kinder an diesem Abend verkleidet von Haus zu Haus und sammeln Süßigkeiten.

Die Hexen sind da, die Hexen sind da,
sie kreischen alle laut herum
und fallen mit den Besen um.
Die Hexen sind da!

Die Geister sind da, die Geister sind da,
sie spuken alle wild herum
und fallen mit den Schlüsseln um.
Die Geister sind da!

Die Gespenster sind da, die Gespenster sind da,
sie heulen alle laut herum
und falln mit den Ketten um.
Die Gespenster sind da!

Die Monster sind da, die Monster sind da,
sie heulen alle schrecklich rum
und falln vor Schreck noch selber um.
Die Monster sind da!

Die Spinnen sind da, die Spinnen sind da,
sie spinnen alle wüst herum
und fallen vor lauter Spinnweben um.
Die Spinnen sind da!

Die Drachen sind da, die Drachen sind da,
sie spucken Feuer wild herum
und fallen vor Erschöpfung um.
Die Drachen sind da!

Die Feen sind da, die Feen sind da,
sie tanzen alle fröhlich rum
und fallen überhaupt nicht um.
Die Feen sind da!

Die Fledermäuse sind da, die Fledermäuse sind da,
sie fliegen alle schnell herum
und falln mit allen anderen um.
Die Fledermäuse sind da!

Spielablauf

Alle Kinder stehen in Kreisform und klatschen zum Lied. Die als Gespenster, Hexen, Monster, Spinnen etc. verkleideten Kinder gehen in den Kreis und haben ihren Auftritt. Am Ende fallen sie jeweils (vorsichtig) um!

Martins- und Laternenfest

Sankt Martin

Gut zu wissen

- Das Martinsfest ist ein christliches Fest. Es wird am 11. November, dem Todestag des Heiligen Martin von Tours, gefeiert.
- Martin war ein römischer Soldat in Südfrankreich. Er war ein sehr hilfsbereiter Mensch und teilte der Legende nach seinen Mantel mit einem armen Bettler. Nachdem er gestorben war, wurde er von der christlichen Kirche heilig gesprochen.
- Mit einer Lichterprozession wurden früher wichtige Menschen zu Grabe getragen. Aus diesem Brauch entwickelten sich die heutigen Laternenumzüge.
- Zur Erinnerung an den Heiligen Martin und an seine guten Taten finden am 11. November die Laternenumzüge der Kinder statt.
- Oftmals reitet ein als Martin verkleideter Mann auf einem Pferd an der Spitze des Zuges, gefolgt von den Kindern mit ihren Laternen. Während des Umzugs werden Martins- und Laternenlieder gesungen.
- Ein weiterer Brauch des Martinsfestes ist das Martinsfeuer und das Verteilen von Martinswecken nach Beendigung des Laternenumzuges.

Sankt Martin, Sankt Martin ...
Lied

volkstümlich, traditionell

Sankt Martin, Sankt Martin,
Sankt Martin ritt durch Schnee und Wind,
sein Ross, das trug ihn fort geschwind.
Sankt Martin ritt mit leichtem Mut.
Sein Mantel deckt ihn warm und gut.

Im Schnee saß, im Schnee,
im Schnee, da saß ein armer Mann,
hat Kleider nicht, hat Lumpen an.
„Oh helft mir doch in meiner Not,
sonst ist der bittre Frost mein Tod."

Sankt Martin, Sankt Martin,
Sankt Martin zog die Zügel an,
sein Ross steht still beim armen Mann.
Sankt Martin mit dem Schwerte teilt
den warmen Mantel unverweilt.

Sankt Martin, Sankt Martin,
Sankt Martin gibt den halben still,
der Bettler rasch ihm danken will.
Sankt Martin aber ritt in Eil'
hinweg mit seinem Mantelteil.

WINTER

© Ökotopia Verlag/ M. Wieber/Sprachförder-Ideen JAHRESZEITEN

Winter

Gut zu wissen „Winter"

- Der Winter ist eine der vier Jahreszeiten auf unserer nördlichen (und der südlichen) Erdhalbkugel.
- Der Winter liegt zwischen den Jahreszeiten Herbst und Frühling.
- Zu den Wintermonaten gehören nach dem Kalenderjahr die Monate Dezember, Januar und Februar.
- Der Winter beginnt aus Sicht der Astronomie (Wissenschaft, die sich mit den Himmelskörpern beschäftigt) auf der Nordhalbkugel mit dem Tag der Wintersonnenwende am 21. oder 22. Dezember.
- Im Winter erholt sich die Natur von ihren Aktivitäten der drei anderen Jahreszeiten.
- Der Winter ist bei uns auf der Nordhalbkugel die Jahreszeit mit den kürzesten Tagen und den kältesten Temperaturen. Die Menschen verbringen viele Zeit in ihren Häusern bei künstlichem Licht.
- Im Winter fällt Schnee und das Wasser gefriert in der kalten Natur zu Eis.
- Früher war der Winter eine schlimme Zeit für die Menschen. Oft hatten sie nicht genügend Nahrung, um den kalten Winter ohne Hunger zu überstehen.
- Tiere finden in der kalten und verschneiten Natur wenig Nahrung. Daher werden sie oft von den Menschen gefüttert.
- Pflanzen, Tiere und auch Menschen verlangsamen ihren Stoffwechsel und stellen sich dadurch mit ihrem Organismus auf ruhigere Zeiten ein. Menschen sind deshalb im Winter auch müder und antriebsärmer.
- Tiere halten Winterruhe, Winterschlaf, fallen in die Winterstarre, verlangsamen ihre Aktivitäten oder bekommen ein dickeres Fell.
- Pflanzen ziehen ihre Energien in die Wurzeln zurück und ruhen sich ebenfalls aus.
- Der Winter ist aber auch eine fröhliche Zeit mit Wintersport und Spielen im Schnee: Schlittenfahren, Ski- und Schlittschuhlaufen, Schneemänner, Schneefiguren- und Schneehäuser bauen.
- In der Winterzeit werden viele schöne Feste gefeiert. Dadurch wird die dunkle Zeit heiter und fröhlich.
- Der Jahreswechsel findet bei uns am Ende des Wintermonats Dezember statt. Am 1. Januar beginnt das neue Kalenderjahr.

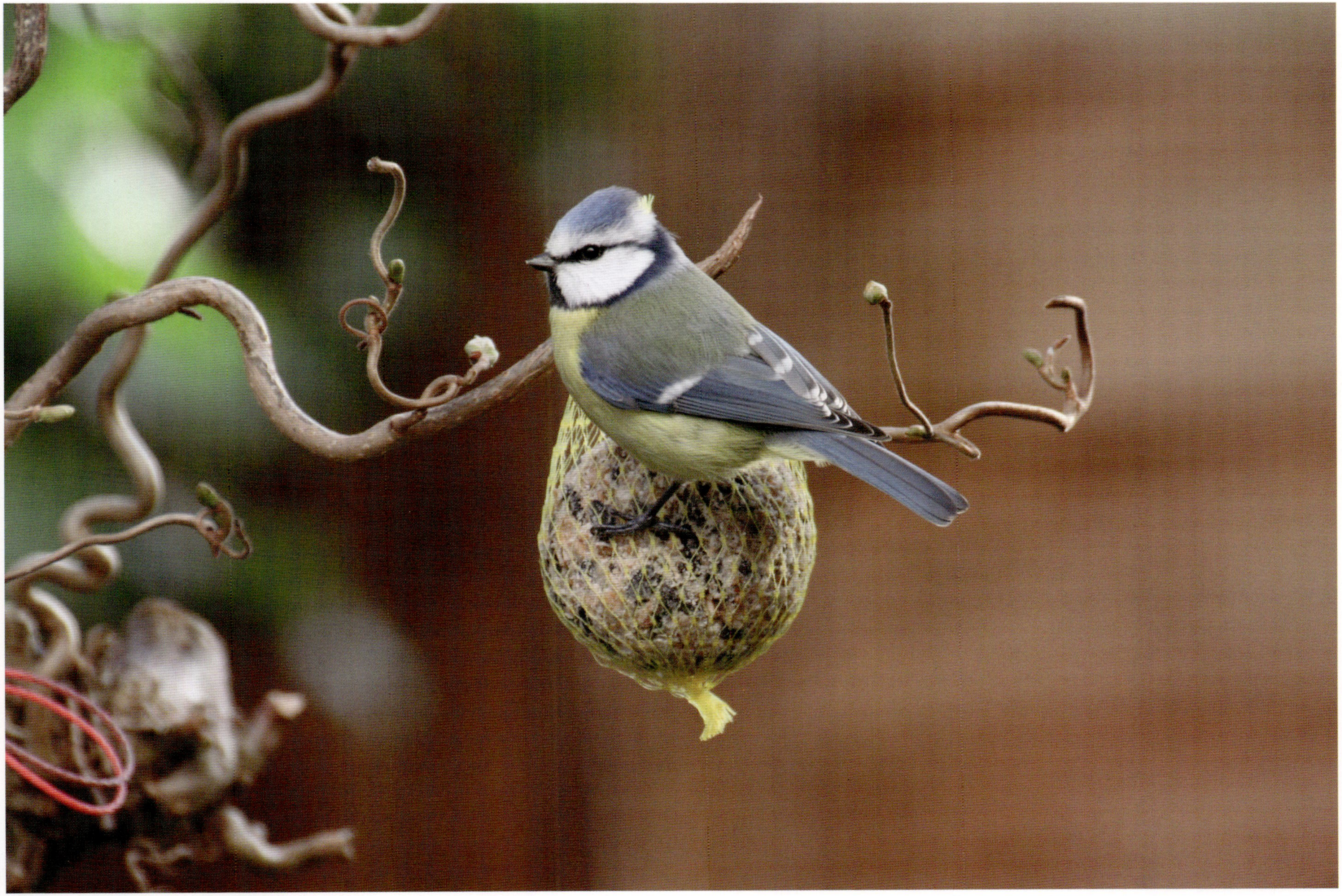

34 Winterfütterung der Vögel

Winter

Vogelfütterung im Winter

Gut zu wissen

- Verschiedene Singvogelarten verbringen den Winter hier bei uns.
- Singvögel gehören sowohl der Gruppe der Körnerfresser als auch der Gruppe der Weichfutterfresser an.
- Zu den Körnerfressern gehören z.B. Meise, Fink und Sperling. Zu den Weichfutterfressern gehören z.B. Amsel, Rotkehlchen und Zaunkönig.
- Die Winterfütterung der Vögel hat bei uns Tradition, da die natürlichen Nahrungsquellen oftmals verschneit, nicht zugängig oder nicht ausreichend vorhanden sind.
- Die optimale Fütterung erfolgt in Futterspendern, da hier die Körnernahrung trocken ist und nicht durch den Kot der Vögel verunreinigt wird.
- Diese Futterhäuschen sollten so angebracht sein, dass sie von Katzen nicht erreicht werden können.
- Körnerfresser werden mit Körnermischungen aus Sonnenblumenkernen, Erdnüssen, gehackten Nüssen und Hirse gefüttert. Weichfresser lieben Rosinen und Haferflocken.
- Brot oder salzhaltige Lebensmittel dürfen nicht gefüttert werden.

Amseln, Meisen, Spatzen ...
Bewegungs- und Instrumentalspiel

Am-sel, Mei-sen, **Spat**-zen und noch **vie**-le andre **Vö**-gel kom-men an das **Fut**-ter-haus und an die Mei-sen-**knö**-del.	*Vögel fliegen: Glissando oder einzelne Töne auf dem Glockenspiel.*
Das ist ein Ge-**zwit**-scher, ei-ne **lau**-te Pfei-fe-**rei,** al-le wol-len **Kör**-ner pi-cken, al-le sind da-**bei.**	*Vögel pfeifen und picken: bewegter und lauter: Klanghölzer + Holzblocktrommel*
Erd-nüs-se, **Ha**-fer-floc-ken, **Son**-nen-blu-men-**ker**-ne, in der kal-ten **Win**-ter-zeit fres-sen **sie** die Vö-gel ger-ne.	*alle gemeinsam klatschen*
Schon geht das Ge-**zan**-ke los, ein **je**-der will sie **ha**-ben: „**Der** ist mir! Mach **dich** hier weg! Die **Kör**-ner will ICH **ha**-ben!"	*Vögel zanken: Spiel laut und sehr bewegt: alle Instrumente zusammen*
Das Ge-**tschir**-pe und Ge-**zwit**-scher wird zur **wil**-den Kei-le-**rei!**	
Taucht je-doch die **El**-ster auf, ist al-les schnell vor-**bei.**	*Elster kommt: lauter Schlag mit Becken, Vögel fliegen weg: Glissando auf Glockenspiel dabei immer leiser werden bis Stille.*
Erd-nüs-se, **Ha**-fer-floc-ken, **Son**-nen-blu-men-**ker**-ne, in der kal-ten **Win**-ter-zeit fres-sen **sie** die Vö-gel ger-ne.	*alle gemeinsam klatschen*

Spielablauf (Varianten)

1. Den Vers rhythmisch sprechen, die Handlung dazu spielen.
2. Die Kinder begleiten das rhythmische Sprechen mit den körpereigenen Instrumenten (klatschen, patschen, stampfen)
3. Die Kinder begleiten das rhythmische Sprechen mit Glockenspielen, Klanghölzern, Holzblocktrommeln und Becken.

Schafe im Schnee

Tiere im Winter

Gut zu wissen

- Tiere überwintern auf verschiedene Weise:
  → Sie fliehen vor dem Winter (Zugvögel)
  → Sie fallen in die Winterruhe, den Winterschlaf oder in die Winterstarre.
  → Sie bleiben hier und schützen sich mit einem dicken Fell, legen Futtervorräte an oder sind auf die Fütterung durch den Menschen angewiesen.
  Mit diesen Reaktionen schützen sich die Tiere vor der kalten Jahreszeit.
- Winterruhe können nur „gleichwarme" Tiere, Säugetiere wie Waschbär, Braunbär, Dachs, Eichhörnchen und Fledermäuse, halten.
  → Dafür benötigen sie wenig Energie, denn im Winter ist weniger Nahrung vorhanden.
  → Die Tiere erwachen mehrmals in dieser Zeit um ihre Vorräte zu fressen.
- In Winterschlaf verfallen vorwiegend Säugetiere wie Siebenschläfer, Murmeltier, Igel, Haselmaus, Hamster.
  → Ihre Körpertemperatur sinkt dabei auf die Umgebungstemperatur ab, sie atmen viel langsamer und auch ihr Herzschlag wird langsamer.
  → Sie versorgen sich durch ihre im Sommer angefressenen Fettdepots.
- In Winterstarre (auch Kältestarre genannt) verfallen Insekten, Amphibien, Reptilien, Fische, Würmer und Schnecken.
  → Die Körpertemperatur dieser Tiere ist dabei von der Außentemperatur abhängig.
  → Sie müssen in frostsicheren Bereichen überwintern.
  → Sie haben ein körpereigenes „Frostschutzmittel" in ihrem Körper.
  → Diese Tiere können nicht aufgeweckt werden,
  → Die Zeit der Winterstarre dauert 3-7 Monate.
- Säugetiere, die im Winter in der freien Natur leben, bekommen ein dickes Winterfell. Sie ernähren sich von dem begrenzten Nahrungsangebot und sind zum Teil auf die Winterfütterung durch den Menschen angewiesen.

Wintertraum der Tiere
Lied/Bewegungsspiel

Melodie in Anlehnung an.
„Hörst du die Regenwürmer husten"

Weißt du, wovon die **Schafe** träumen,
in ihrer warmen Winterruh?
Von saftigen Wiesen, wo Gräser sprießen,
von grünen Kräutern, immerzu.
Ist dann der Winter im März vorbei,
geht es bald los mit der erträumten Kräuterschlemmerei!

Weißt du, wovon die **Frösche** träumen,
in ihrer langen Winterruh?
Von fetten Mücken, die sie verdrücken,
von Fliegen, Schnaken, immerzu.
Ist dann der Winter im März vorbei,
geht es bald los mit der erträumten Mückenschlemmerei!

Weißt du, wovon die **Igel** träumen,
in ihrer langen Winterruh?
Von Obst und Schnecken, die ihnen schmecken,
von fetten Würmern immerzu.
Ist dann der Winter im März vorbei,
geht es bald los mit der erträumten Schneckenschlemmerei!

Weißt du, wovon die **Füchse** träumen
in ihrer langen Winterruh?
Von dicken Mäusen und fetter Läusen,
von Gänsen, Hühnern immerzu.
Ist dann der Winter im März vorbei,
geht es bald los mit der erträumten Mäuseschlemmerei!

Spielablauf

Die Kinder agieren in vier Gruppen, entsprechend der Tiere im Vers. Jede dieser Tiergruppen ist unterteilt in zwei Gruppen:
Die „Fragegruppe" spricht/singt den ersten Versteil, die „Antwortgruppe" spricht/singt den zweiten Versteil. Beide Gruppen sprechen/singen gemeinsam den dritten Versteil. Gemeinsam können weitere Strophen dichten.

Schwäne und Gänse auf dem Eis

© Ökotopia Verlag / M. Wieber / Sprachförder-Ideen JAHRESZEITEN

Winter

Schwäne auf dem Eis

Gut zu wissen

- Schwäne sind die größten und schwersten Entenvögel, Gattung Gänse, die fliegen können.
- Schwäne sind ursprünglich Zugvögel, leben in Einehe und können 18–20 Jahre alt werden.
- Die bei uns bekannteste Schwanenart ist der Höckerschwan.
- Sie haben keine Zähne und fressen vorwiegend Grün- und Wasserpflanzen.
- Schwäne, Enten und Gänse bekommen keine kalten Füße und frieren mit ihren Füßen auch nicht am Eis fest. Dafür sorgt ein fein verzweigtes Wärmeaustauschsystem in den Beinen und Füßen der Entenvögel: das Blut, das in die Füße fließt, gibt die Wärme über feine Äderchen an das Blut ab, das zurück zum Körper fließt. So bleiben die Füße kalt wie die Umgebung.
- Wetterfeste Deckfedern schützen die wärmenden, darunterliegenden Daunenfedern. Außerdem fetten die Vögel ihre Federn mit einem öligen Sekret aus der Bürzeldrüse ein die das Wasser abweist.
- Eis ist gefrorenes Wasser.
- Wird das Wasser kälter als 0 Grad Celsius, gefriert es.
- Wasser ist flüssig. Die kleinsten Teilchen des Wassers liegen bei Temperaturen über 0 Grad Celsius locker nebeneinander und bewegen sich.
- Bei Temperaturen unter dem Gefrierpunkt von 0 Grad Celsius legen sich diese kleinsten Teilchen des Wassers geordnet nebeneinander und halten sich fest.
- Das Eis braucht mehr Platz als das flüssige Wasser und dehnt sich aus.
- Eis ist leichter als Wasser und schwimmt auf dem Wasser.

Was machen die Schwäne?
Sprech- und Bewegungsspiel

Hast du das schon mal gesehn,
wie die Schwäne schwimmen gehn?

Wie sie auf dem Wasser sitzen,
ohne sich ganz nass zu spritzen?

Wie sie mit den Füßen paddeln
und auch mit dem Popo wackeln?

Wie sie ihre langen weißen
Hälse biegen oder speisen?

Wie sie mit diesen langen dünnen
Hälsen tief im Wasser gründeln?

Wie sie ihre Flügel schwingen
und laut Schwanenlieder singen?

Wie sie dann, hast du 's gesehen,
wieder aus dem Wasser gehen?

Und wie sie im großem Bogen
hoch hinauf und weggeflogen?

Spielablauf

Den Vers langsam sprechen. Währenddessen spielen die Kinder als Schwäne die einzelnen Szenen.

Spuren im Schnee

Spuren im Schnee

Gut zu wissen

- Bei einer Schneedecke liegen die Schneekristalle locker aufeinander. Betritt sie ein Mensch oder ein Tier, drückt er die Schneekristalle zusammen: seine Füße sinken ein und hinterlassen einen Abdruck im weichen Schnee.
- Die Form des Abdrucks sagt uns, wer und in welche Richtung jemand gegangen ist.
- Der Förster nennt den Fußabdruck eines Tieres „Trittsiegel". Mehrere Trittsiegel hintereinander ergeben die Fährte.
- Sehen wir die Abdrücke von Menschenfüßen im Schnee, sprechen wir von einer Fußspur.
- Spuren im Schnee werden auch von allen anderen Dingen, wie z. B. Fahrzeugen, Skiern, Schlitten hinterlassen, die sich auf der Schneedecke und im Schnee bewegt haben.

Spurensuche
Bewegungs- und Ratespiel

Ein **brauner Hase**, der **hoppelt** durch Schnee.
Seine **Läufe** machen Spuren, kannst du sie sehn?

Eine **schwarze Amsel hüpft** durch den Schnee.
Ihre **Füße** machen Spuren, kannst du sie sehn?

Eine **rotbraune Katze schleicht** durch den Schnee.
Ihre **Pfoten** machen Spuren, kannst du sie sehn?

Eine **grauer Hund**, der **rennt** durch den Schnee.
Seine **Pfoten** machen Spuren, kannst du sie sehn?

Ein **weißer Schimmel galoppiert** durch den Schnee.
Seine **Hufe** machen Spuren, kannst du sie sehn?

Eine **brauner Bär**, der **stapft** durch den Schnee.
Seine **Tatzen** machen Spuren, kannst du sie sehn?

Ein **großer Mann**, der **geht** durch den Schnee.
Seine **Füße** machen Spuren, kannst du sie sehn?

Viele, **viele Kinder, rennen** durch den Schnee.
Ihre **Füße** machen Spuren, kannst du sie sehn?

Meinen neuen **Schlitten zieh** ich durch den Schnee.
Seine **Kufen** machen Spuren, kannst du sie sehn?

Spielablauf
Die Kinder spielen die Tiere entsprechend des Textes.

Varianten
→ Den Tieren falsche Farben, Füße und Fortbewegungsarten zuordnen und die Kinder raten lassen, was falsch ist, z. B.: *„Ein schwarzer Hase, galoppiert durch Schnee. Seine Tatzen machen Spuren, kannst du sie sehn?"* etc.
→ Farbübungen oder -spiele durchführen oder Begriffsbildungen üben, z. B.: *„Wie heißen die Füße der Tiere?", „Wie bewegen sich die Tiere?"*
→ Eine einfache Melodie dazu erfinden.

Schlitten fahren

Winter

Schnee

Gut zu wissen

- Für Regen, Nebel und Schnee brauchen wir Wolken.
- Wolken sind große Gebilde hoch am Himmel, in denen sich unzählige wnzige Wassertröpfchen sammeln.
- Ist es in der Wolke sehr kalt, entstehen aus diesen kleinen Wassertröpfchen Eiskristalle.
- Viele Eiskristalle zusammen bilden eine Schneeflocke.
- Ist es im Winter nicht nur in der Wolke sehr kalt, sondern auch in der Luft darunter und auf dem Boden, fallen die Schneeflocken als Schnee herunter.
- Ist es kalt genug, bleibt der Schnee auf dem Boden liegen.
- Eiskristalle sind so klein, dass du sie mit dem bloßen Auge nicht sehen kannst.
- Alle Eiskristalle sehen wie sechseckige Sterne aus.

Schneeflocken
Bewegungsspiel mit Klangimprovisation

Die Schneeflocken fallen langsam aus den Wolken...
Der Wind wirbelt sie auf und nieder...
Sie tanzen ganz sanft in der Luft herum...
Sie wirbeln im Kreis...
Sie legen sich auf die Erde...
Der Wind wirbelt sie wieder hoch...
Sie werden schnell in eine Ecke geblasen...
Sie werden zu einer Schneebank aufgetürmt...
Sie wirbeln sehr schnell und wild umeinander...
Der Wind bläst ruhiger...
Ruhig und langsam fallen sie auf die Erde...
decken alles weiß und sanft zu...
Stille herrscht überall. Sanfte Winterruhe...

Spielablauf

Entweder sind alle Kinder Schneeflocken und spielen diese entsprechend des Textes oder jedes Kind hat ein Stabspiel und spielt zum gesprochenen Text jeweils eine kurze Klangimprovisation auf seinem Instrument.

Schneemann und Schneefrau

Schneemann bauen

Gut zu wissen

- Schnee kann unterschiedlich trocken oder nass sein. Er heißt dann Pulverschnee oder Pappschnee.
- Wie trocken oder nass der Schnee ist, entscheidet die Außentemperatur, in der der Schnee fällt.
- Die Wasserteilchen im Schnee sind dann mehr oder weniger gefroren.
- Wasser wirkt wie ein Kleber im Schnee. Ist es sehr kalt, meist unter dem Gefrierpunkt von 0 °C, fällt der Schnee in der Regel als Pulverschnee. Ist es etwas wärmer, so um die 0 °C, fällt der Schnee als Pappschnee.
- Pulverschnee besteht in der Kälte aus weniger Eiskristallen, hat kleine Flocken und sehr wenig Wasserteilchen. Dadurch pappt (klebt) er nicht so gut.
- Pappschnee hat durch die wärmere Temperatur mehr Wasserteilchen, mehr zusammengeschlossene Eiskristalle, hat dadurch größere Flocken und pappt sehr gut.
- Mit Pappschnee kann man sehr gut Schneemänner, Schneefrauen und andere Schneefiguren bauen.
- Ebenso kann man mit Pappschnee wunderbare Schneeballschlachten machen.

Schneemann
Sprech- und Bewegungsspiel

Rums-didel-dum, ich lauf herum...
Rums-didel-dill, ich steh ganz still...
Rums-didel-dein, ich werd ganz klein...
Rums-didel-do, ich sitz auf meinem Po...
Rums-didel-dim, ich leg mich hin...
Rums-didel-deise, ich bin ganz leise...
Rums-didel-dein, ich schlaf jetzt ein...
Rums-didel-darchen, hört ihr mich schnarchen?
Rums-didel-dach, ich bin wieder wach!

Spielablauf
Kinder spielen als Schneemänner die einzelnen Szenen.

Adventskranz in der Adventszeit

Winter

Advent

Gut zu wissen

- Der Advent ist die Zeit des Wartens auf den Geburtstag von Jesus Christus am 25. Dezember. Diese Wartezeit dauert vier Wochen.
- Für diese Wartezeit entwickelten sich verschiedene Bräuche.
- Ein Brauch besteht darin, die Wohnung in dieser Zeit adventlich und weihnachtlich zu schmücken.
- Das bekannteste heutige Symbol für die Adventszeit ist der Adventskranz.
- Er hat seinen Ursprung um die Mitte des 19. Jahrhunderts in einer Erziehungsanstalt in Hamburg: Hinrich Wichern erfand ihn dort für die heimatlosen und bedürftigen Kinder.
- Ursprünglich waren es 24 Kerzen, die das Warten auf die Weihnachtszeit verkürzen sollten: vier große Kerzen für die vier Adventssonntage und 20 kleine Kerzen für die Wochentage. Ab dem 1. Dezember wurde jeweils täglich eine Kerze angezündet.
- Heute besteht er traditionell aus einem gebundenen Kranz aus Tannengrün mit figürlichen Verzierungen und vier Kerzen, je eine für jeden Adventssonntag.
- Der Kranz steht als Symbol für die Ewigkeit oder die Sonne, die Kerzen für das Licht, das nach christlichem Glauben mit Jesus an Weihnachten in die Welt gebracht wird.
- Ein weiterer Adventsbrauch sind die Adventskalender, die mit ihren kleinen Gaben die 24 Tage des Wartens auf Weihnachten versüßen und verkürzen sollen.
- Mit Advents- und Weihnachtsgebäck sollten die Tage des Schenkens an Nikolaus, Barbara und Weihnachten versüßt werden.

Advent, Advent ...
Lied

traditionell

Advent, Advent,
ein Lichtlein brennt.
Erst ein, dann zwei,
dann drei, dann vier.
Dann steht das Christkind vor der Tür.

Nikolausfest

Nikolaus

Gut zu wissen

- Der Nikolaustag wird jährlich am 6. Dezember in Erinnerung an den Heiligen Bischof Nikolaus gefeiert. Der 6. Dezember ist sein Todestag.
- Bischof Nikolaus wurde um 280 nach Christus in Patara, in der heutigen Türkei, geboren.
- Der Legende nach soll er ein sehr menschenfreundlicher und hilfsbereiter Mensch gewesen sein, weswegen er auch von der christlichen Kirche heilig gesprochen wurde.
- Der Legende nach beschenkte er die Menschen, indem er ihnen heimlich Gaben durchs Fenster oder in den Kamin warf.
- Aus diesen Legenden entwickelte sich der Brauch, zur Erinnerung an den Heiligen Bischof Nikolaus die Kinder an seinem Todestag mit Äpfeln, Nüssen, Plätzchen und Süßigkeiten zu beschenken.
- Am Abend vor dem Nikolaustag stellen die Kinder ihre Schuhe vor die Tür oder hängen ihre Socken an die Türgriffe, damit sie vom Nikolaus gefüllt werden können.
- Im Laufe der Zeit wurde der Nikolaus auch zum Erzieher und Mahner der Kinder: er lobte sie für gute Taten und tadelte und strafte sie für schlechte Taten. Unterstützt wurde er dabei von Knecht Ruprecht.
- Heute wird der Nikolaus sowohl in Gestalt eines Bischofs als auch als alter Mann, gekleidet in einen roten Mantel mit roter Mütze und langem weißen Bart, dargestellt.
- Der Nikolaus hat nichts mit dem Weihnachtsmann zu tun.

Nikolaus, lieber Nikolaus ...
Sprechspiel

Ni-ko-laus, lie-ber Ni-ko-laus,
geh' **nicht** vor-bei an **un**-ser'm Haus.

Füll' die Schu-he **vor** der Tür,
es **sind** nur lie-be **Kin**-der hier.

Äp-fel und auch **Ap**-fel-si-nen,
Nüs-se, Plätz-chen, **Man**-da-ri-nen,

Scho-ko-la-de, **Mar**-zi-pan,
schmeckt uns gut. Komm **rein**, fang an!

Spielablauf
Der Vers kann

→ von allen Kindern gemeinsam rhythmisch gesprochen werden
→ in vier Gruppen nacheinander rhythmisch gesprochen werden
→ in vier Gruppen nacheinander rhythmisch gesprochen und mit körpereigenen Instrumenten (klatschen patschen, stampfen) begleitet werden.
→ rhythmisch gesprochen und gemalt werden: Jedes Kind erhält dazu vier verschiedenfarbige Malkreiden und ein Blatt Papier. So lange die erste Strophe gesprochen wird, lässt das Kind mit einer Malkreide eine „Spur" auf dem Papier entstehen. Beginnt die nächste Strophe, wird die gleiche Aufgabe mit einem andersfarbigen Stift und einer neuen Spur durchgeführt (alle vier Strophen).

Weihnachtskrippe

© Ökotopia Verlag/ M. Wieber/Sprachförder-Ideen JAHRESZEITEN

Weihnachten

Gut zu wissen

- Weihnachten ist ein christliches Fest und wird am 25. Dezember gefeiert.
- Es ist neben Ostern und Pfingsten eines der Hauptfeste im Kirchenjahr.
- Es beginnt nach unserem Brauchtum bereits am 24. Dezember mit dem Heiligen Abend, an dem das Christkind die Geschenke verteilt.
- Mit dem Weihnachtsfest wird nach christlichem Glauben die Geburt von Jesus Christus gefeiert.
- Im Jahr 354 nach Christus legte Papst Liberius den Termin des Weihnachtsfestes entsprechend unserer Zeitrechnung auf den 25. Dezember.
- Über die Geburt von Jesus von Nazareth berichten im Weihnachtsevangelium die beiden Evangelisten Matthäus und Lukas.
- Ein Symbol des Weihnachtsfestes ist die Weihnachtskrippe und der geschmückte Weihnachtsbaum.
- Das Weihnachtsfest wird mit verschiedenen Bräuchen weltweit gefeiert.

Wunderschöne Weihnachtszeit
Gedicht

Die wunderschöne Weihnachtszeit,
die kennt nicht jeder, weit und breit.
Denn Winterschlaf und Winterruh'
verhindern das, was glaubst denn du?

Die Igelmutter Lina,
sie war zum Fest noch nie da.
Sie lag, ganz vollgefressen,
im Laub und hats vergessen!

Die Störchin Kunigunde
war auch nicht in der Runde.
Mit allen Störchen flog sie fort,
weit weg, an einen warmen Ort.

Der Braunbär Ursus-Öhle,
schlief tief in seiner Höhle.
Sein Bauch war voll, sein Fell ganz dick,
es war so warm, welch' Winterglück!

Die Ringelnatter Hildegard
lag steif und tief im Laub verscharrt.
Sie wusste nichts vom Weihnachtsfest
und ruhte und ruhte! Tief und fest!

Der Hirsch, die Hasen und das Reh
suchten umsonst den grünen Klee.
Ihr Fressen war tief eingeschneit,
lag unterm Schnee zur Weihnachtszeit.

Marienkäfer Valentino
und seine Frau, die Ann-Katrino,
sie ruhten eng und dicht im Baum
und träumten ihren Wintertraum.

Die Kinder unterm Tannenbaum,
die wussten nichts von diesem Traum.
Sie hörten zu, was einst vor Jahren
in Bethlehem sich zugetragen.

Von einer Krippe in dem Stall,
vom Jesuskind, den Hirten all,
von Josef und auch von Maria,
von Ochs' und Esel, die warn auch da.

Vom Engel, der in jener Nacht
der Welt die frohe Botschaft bracht.
Zu allen Menschen weit und breit,
von Jesus, von der Weihnachtszeit.
Von Sternen, die am Himmelszelt
erleuchteten die dunkle Welt,
und strahlten hell und leuchteten weit.
„Seht her, jetzt ist die Weihnachtszeit!"

Fasching

Fastnacht, Fasching, Karneval

Gut zu wissen

Fastnacht, Fasching und Karneval sind verschiedene Bezeichnungen für das Faschingsfest. Es ist ein sehr altes Fest.

- In vielen alten Kulturen wurde das Erwachen des Frühlings mit Festen gefeiert.
- Zeitlich bezieht sich das Faschingsfest auf diese vorchristlichen Frühlingsfeste.
- Fasching findet nicht an einem feststehenden Termin statt, sondern richtet sich nach dem Osterfest, das sich wiederum am ersten Frühlingsvollmond orientiert.
- So wie es heute bei uns gefeiert wird, ist es ein Fest mit christlichem Ursprung.
- Die Faschingszeit beginnt bei uns am 11. November und endet am Aschermittwoch.
- Dieses Datum kommt dadurch zustande, dass früher am 11. November eine vorweihnachtliche Fastenzeit begann und am Aschermittwoch heute die österliche Fastenzeit beginnt. Und bevor eine Fastenzeit begann, feierten die Menschen nochmal ausgiebig.
- Neben diesem Vorfest zu den Fastenzeiten gab es in Europa über viele hundert Jahre außerdem den christlichen Brauch, ein kirchliches Narrenfest am 6. Januar zu feiern. Dabei durften die oberen Geistlichen verulkt, bespottet und parodiert werden. Ebenso war es Brauch, sich dazu entsprechend zu verkleiden und die Stadtbewohner in einer Art Prozession daran teilhaben zu lassen.
- Aus diesen verschiedenen geschichtlichen Ereignissen entwickelten sich die Fastnachts-, Faschings- und Karnevalsbräuche.

Faschingsfest der Gänse
Tanzspiel

Melodie in Anlehnung an:
„Es tanzt ein Bi-Ba-Butzemann ..."
volkstümlich

A: *Singspiel und Bewegung*
Acht Gänsinnen feiern Fasenacht,
ganz lustig und verrückt,
es wird getanzt, gejuxt, gelacht,
jede Gans ist ganz entzückt.
Mathilde und Elfriede und die Yesim und Marie,
Josette und Annette und Luisa und Jolie.

B: *Sprechspiel- und Bewegung*
Sie flattern mit den Flügeln,
strecken weit die Hälse raus,
sie wackeln mit dem Hinterteil,
stampfen fest die Füße auf.
Sie nicken mit dem Kopf dazu
und schütteln ihren Bauch,
sie gackern, kreischen mopsfidel.
Na klar, das könnt ihr auch!
Erst geht es dann im Kreis herum
und dann auch in der Reih',
allein, zu zweit, zu dritt, zu viert,
juchheee, wir sind dabei!

A: *Singspiel und Bewegung*
An Weiberfastnacht ziehn sie los
und gehn von Haus zu Haus.
Und treffen sie 'nen Gänserich,
rupfen sie ihm 'ne Feder aus.
Mathilde ... (s. links)

B: *Sprechspiel und Bewegung*
Sie flattern mit den Flügeln ... (s. links)

A: *Singspiel und Bewegung*
Und treffen sie dann außerdem
noch andre Gänsedamen,
dann sind sie alle quietschfidel
und tanzen flott zusammen.
Mathilde ... (s. links)

B: *Sprechspiel und Bewegung*
Alle flattern mit den Flügeln ... (s. links)

Spielablauf

Drei Spielgruppen: Gänsinnen, Gänseriche und Gänsedamen spielen entsprechend des Textes. Wechsel zwischen Sing- (A) und Sprech- und Bewegungsteil (B).

Schneeglöckchen blühen im Winter

Winter

Schneeglöckchen

Gut zu wissen

- Schneeglöckchen gehören zu den Frühblühern und blühen schon Ende Januar, Anfang Februar.
- Das Schneeglöckchen wächst aus einer Knolle, die ganzjährig in der Erde liegt. Die ganze Energie, die es zu diesem frühen Wachstum benötigt, bekommt es aus dieser Knolle.
- An jedem einzelnen dicken Blütenstängel wachsen unten zwei schmale, lange Blätter und am Ende dieses Blütenstängels eine Blüte. Die Blüte hat die Form eines Glöckchens.
- Schneeglöckchen wachsen sowohl wild als auch in Gärten.
- Damit es, genau wie die Krokusse, in dieser kalten Jahreszeit ohne Schaden wachsen und blühen kann, hat es ein sogenanntes „Frostschutzmittel" in seinen Zellen: das Glycerin. Dank des Glycerins kann das Wasser in der Pflanze nicht einfrieren.
- Da zu dieser Jahreszeit noch keine Blätter an den Bäumen sind, können diese Frühblüher die ganze Wärme und das Licht der Sonne genießen.

Fünf kleine Schneeglöckchen
Fingerspiel

Ein kleines Schneeglöckchen bleibt im Haus,	*Den Daumen in der Faust verstecken.*
zwei kleine Schneeglöckchen schauen heraus,	*Daumen und Zeigefinger strecken.*
drei kleine Schneeglöckchen wollen Freunde sein,	*Daumen, Zeige- und Mittelfinger aneinanderklopfen.*
vier kleine Schneeglöckchen sind nicht mehr allein.	*Daumen, Zeige-, Mittel- und Ringfinger „zappeln".*
Fünf kleine Schneeglöckchen rufen: „Hurra!	*Hände schütteln, Finger „zappeln",*
Die Sonne, die scheint, jetzt sind wir da!"	*geöffnete Hände hochstrecken und in einer großen Kreisbewegung seitlich nach unten führen.*

Vertiefungsangebote für alle Jahreszeiten

Frühling

Störche auf der Wiese
Bewegungsspiel

Der Storchenmann und die Storchenfrau sitzen in ihrem Nest. Sie haben Hunger und wollen Futter suchen.

Die **Storchenfrau** ...
- ... steht auf,
- schüttelt ihren Kopf,
- wackelt mit dem Po,
- klappert mit dem Schnabel,
- schwingt ihre Flügel auf und ab,
- steigt auf den Nestrand ...
- ... und fliegt in einem großen Bogen los.
- Sie breitet ihre Flügel weit aus ...
- ... und gleitet damit hinunter auf die Wiese.

Der **Storchenmann** ...
- ... steht auf,
- ... schüttelt seinen Kopf,
- ... (weitere Übungen s. Storchenfrau)

Beide gehen mit langsamen Schritten durch das Gras.
- Dabei ziehen sie ihre Beine sehr hoch.
- Sie haben den Kopf mit dem langen Schnabel nach unten gebeugt ...
- ... und schauen dabei sehr genau auf den Boden.
- Sie schauen nach rechts – kein Frosch!
- Sie schauen nach links – kein Frosch!
- Da! Vor ihnen hüpft ein Frosch im Gras!
- „Schnapp!" Die Storchenfrau hat einen Frosch gefangen.

- „Schnapp!" Der Storchenmann hat einen Frosch gefangen.
Beide fressen ihr Froschessen.

Der **Storchenmann** schwingt seine Flügel mehrmals auf und ab.
- Er fliegt in zwei großen Kreisbahnen zurück in sein Nest,
- setzt sich entspannt hin,
- rüttelt seine Federn zurecht,
- legt seinen Kopf auf die Federn ...
- und hält ein Storchenschläfchen.

Jetzt schwingt auch die **Storchenfrau** ihre Flügel mehrmals auf und ab.
- Sie fliegt in zwei großen Kreisbahnen zurück in ihr Nest, ... (weitere Übungen s. o.)

Spielablauf
Die Kinder, aufgeteilt in Storchenmänner und Storchenfrauen, spielen die Storchengeschichte.
Wichtig: Die Kinder sollen sehr gut zuhören und sich mit ihrem szenischen Spiel genau an die Textvorgaben halten.

Variante „Hörübung"
Zur Konzentrationsförderung den Text bei 1-3 Durchläufen immer eine Nuance leiser sprechen. Wer hört ihn auch noch, wenn er ganz, ganz leise gesprochen wird?

Vertiefungsangebote · Frühling

Kleines Schäfchen, ruh dich aus!
Entspannungsmassage

Kleines, kleines Schäfchen,
leg dich ruhig hin.
Schlaf ein, kleines Schläfchen
in dem Stall, ganz still.

Langsam vom Kopf bis zu den Füßen streichen bzw. pinseln.

Streck aus die vier Beinchen,
locker und entspannt.
Träum ein kleines Träumchen
aus dem Schäfchenland.

Über Arme und Beine streichen.

Deine kleinen Hufe
können endlich ruhn.
Müssen nicht mehr springen,
müssen nichts mehr tun.

Über die Füße streichen.

Lass dein Köpfchen liegen
auf dem weichen Stroh.
Kannst die Äuglein schließen,
bist entspannt und froh.

Über die Haare streichen.

Spür auf deinem Rücken
jetzt dein warmes Fell.
Lass dich ganz sanft drücken,
langsam, nur nicht schnell.

Mit sanftem Druck der Handflächen bzw. mit dem Pinselstiel über den Rücken streichen.

Lass dich zärtlich streicheln,
so, wie du es magst,
über deinen Rücken,
ruhig auf und ab.

Mit den Händen auf und ab streicheln bzw. über den Rücken pinseln.

Bleib kurz ruhig liegen,
ruh dich etwas aus.
Ruf ich deinen Namen,
dann steh langsam auf.

Spielablauf

Zwei Kinder arbeiten zusammen: Ein Kind ist das Schäfchen, das andere streichelt es im ersten Durchgang zuerst mit den Händen, in einem zweiten Durchgang mit einem Pinsel entsprechend der Textvorgabe.
Das kleine Schäfchen legt sich dafür ganz entspannt in Bauchlage ohne Schuhe auf eine Matte oder eine warme Decke auf den Boden. Das andere Kind kniet seitlich neben ihm und führt die Entspannungsmassage durch. Am Ende ist Rollenwechsel.

Vertiefungsangebote Frühling

Die kleine Biene sum, sum, sum
Bewegungsspiel

1. Ein Bienchen streckt die Flügel aus,
   die Sonne hat's geweckt.
   Es schlief den kalten Winter lang
   in seinem Winterversteck.
   Bienchen sum, sum, sum,
   streck dich und flieg herum.
   Schwing die Flügel auf und ab und fliege los.

2. Das Bienchen fliegt zur Blume hin
   in uns'rem großen Garten.
   Es setzt sich auf ein Blütenblatt
   und kann es kaum erwarten.
   „Ich flieg, sum, sum, sum,
   überall herum.
   Ich flieg in die weite Welt, es ist so wunderschön."

3. Ein Bienchen fliegt im Sonnenschein,
   es ist so warm und schön.
   Es sammelt viele Pollen ein,
   ihr könnt es alle sehn.
   Bienchen sum, sum, sum,
   flieg überall herum,
   trag den Blütenstaub zu allen bunten Frühlingsblumen.

4. Und wenn der Tag zu Ende geht
   fliegt es zurück nach Haus:
   Es fliegt in seinen Bienenstock
   und ruht sich müde aus.
   Bienchen sum, sum, sum,
   flieg jetzt nicht mehr herum,
   streck die kleinen Beinchen und die müden Flügel aus.

Spielablauf
Alle Kinder spielen gemäß dem Text eine Biene und bewegen sich dazu im Raum. Am Ende liegen alle „Bienen" in ihrem Bienenstock (auf einer Bodenmatte) und ruhen sich aus.

Die kleine Biene ruht sich aus
Entspannungsgeschichte

Die kleine Biene legt sich ganz entspannt hin ... sie legt sich so hin, dass sie bequem liegen kann ..., dass sie sich wohl fühlt ..., dass es ihr gut geht ... Sie probiert aus, was für sie die beste Lage oder Position ist. ... Dann spürt sie, ob sie schon ruhig liegen kann oder ob sie sich noch bewegen möchte ...
Doch jetzt ist alles an der kleinen Biene müde und sie will nichts mehr bewegen. ... Die Beine und Füße liegen ganz ruhig und entspannt, ... die Flügel (Arme) liegen ganz ruhig und entspannt. ... Der Rücken liegt entspannt. ... Der Po liegt entspannt. ... Der Bauch liegt entspannt, ... Der Kopf liegt entspannt. ... Auch die Augen sind müde. ... Langsam schließt die kleine Biene ihre Augen. ... Jetzt atmet die kleine Biene langsam und ruhig ein und aus, sie spürt, wie sie durch die Nase ein- und durch deinen Mund ausatmet- ... Ein ... und aus ..., ein ... und aus ... . Immer wieder ... . Die kleine Biene spürt auch, wie sich dabei ihr Bauch ganz sanft bewegt, ... wie er sich hebt und senkt wenn sie ein- und ausatmet. ... Und dann liegt sie ganz ruhig und still und denkt: „Wie schön ist es jetzt, so ruhig zu liegen ... ." Und sie schwebt ins Traumland und träumt einen kleinen Bienentraum. ... Einen Bienentraum, wie ihn nur kleine Bienen träumen können. ...
Dann wacht die kleine Biene wieder auf. Sie wird von einem Feenglöckchen geweckt. ... Sie öffnet langsam ihre Augen, ... reckt sich und streckt sich, strampelt mit ihren Füßen, bewegt die Flügel, ... sie atmet tief ein und aus und ist wieder ganz wach. Langsam setzt sie sich hin. ... Und alle kleinen Bienen sind wieder die Kinder hier im Kindergarten. ...

Vertiefungsangebote — Frühling

Die kleinen Forscher: Löwenzahndetektive

Die Spielleitung bespricht mit den Kindern:
„Schon im zeitigen Frühling, sobald die Sonne einige Tage warm scheint, sind sie überall zu sehen: die gelben Löwenzahnblüten. Schon von weitem kann man ihre gelb leuchtenden Blütenköpfe entdecken. Auf manchen Wiesen stehen sie dicht an dicht und bedecken mit einem strahlend gelben Blütenteppich die gesamte Wiese. Aber auch ganz genügsam, in schmalen Erdritzen, zwischen Pflastersteinen oder am Wegesrand wachsen und blühen sie.

Bei schönem Wetter können wir auf Entdeckungsreise gehen. Ausgerüstet mit Lupen, Fotoapparat und kleinen Tüten machen wir uns auf den Weg. Es dauert sicherlich nicht lange, und ihr habt schon die ersten Pflanzen mit Blüten entdeckt. Schaut euch genau den Platz an, an dem sie wachsen. Schaut euch die Pflanze mit und ohne Lupe mit ihren Blättern und Blüten genau an. Was ist bei dem Löwenzahn anders als bei den Blumen, die ihr schon kennt?

- Welche Form hat eine Blüte?
- Wie viele gelbe Blütenblätter könnte eine Blüte haben?
- Welche Form haben die kleinen Blütenblätter?
- Was ist das Besondere an dem Blütenstiel?
- Pflückt eine Pflanze und schaut euch das Stielende an.
- Wie viele Blütenstiele hat eine Pflanze?
- Wie viele Blüten sind an einem Stiel?
- Betrachtet die Blätter in ihrer Form. Wie würdet ihr diese beschreiben?
- Schaut euch die Stelle an, an der die Pflanze aus dem Boden wächst. Wie sieht die Pflanze von oben aus, wenn ihr darauf schaut?
- Warum hat der Löwenzahn diesen Namen?

Es gibt sicherlich noch viel, viel mehr zu entdecken. Seid mutig und tut es!

→ Wenn ihr wollt, könnt ihr alles, was ihr seht, fotografieren, die Fotos entwickeln lassen und in eurer „Kindergartengalerie" ausstellen.

→ Wenn die Pflanzen an einer „sauberen Stelle" gewachsen sind, könnt ihr die Blätter auch mitnehmen, waschen und essen. Ihr könnt einen Löwenzahnsalat daraus zubereiten oder die Kaninchen damit füttern.

→ Später im Frühling, wenn der Löwenzahn lange geblüht hat, werden aus der Blüte mit ihren Tausenden kleinen Samen, die an ihren Schirmchen hängen, die Pusteblumen. Ihr kennt sie sicherlich auch alle. Und ihr wisst auch, was geschieht, wenn ihr oder der Wind eine Pusteblume anbläst? – Genau, die Schirmchen fliegen weg. Und dann? Könnt ihr euch dazu eine Geschichte ausdenken, wie es mit den Samen-Schirmchen weitergeht? Was mit ihnen geschieht, wenn sie der Wind weg bläst?"

Der Riesenlöwenzahn
Kreatives Malen

Die Spielleitung spricht zu den Kindern: „Jetzt, wo ihr die Pflanze mit ihren Blüten so genau kennt, könnt ihr ein Löwenzahnbild malen, mit Ölkreiden oder mit Wasserfarben, groß auf große Malblätter. Malt sie auch viel größer, als sie in Wirklichkeit sind.

Es können ja alles Riesenlöwenzähne sein, die im Garten des Riesen Wöwentröwenzahn gewachsen sind."

Die Bilder können in der „Kindergartengalerie" ausgestellt werden.

Vertiefungsangebote — Frühling

Der Frühlingszwerg und die Frühlingsblumen
Wortspiel

Die Spielleitung erzählt den Kindern:
„Bei den Frühlingsblumen herrschte große Aufregung. Kurz bevor sie im Frühling die Sonne aus der Erde lockte, warteten alle auf den Frühlingszwerg, der sie nach der langen Winterruhe nochmals an ihre Namen erinnern sollte. In diesem Jahr war es ein ganz junger Zwerg, der die Namen der Blumen leider noch nicht so gut kannte. Er hatte zwar viele kleine Zettel, auf denen stand aber immer nur ein Teil des Blumennamens. Am Anfang waren die Zettel noch so sortiert, dass sie hintereinander gelesen werden konnten. Aber dann hat der Wind alle Zettel durcheinandergewirbelt. Schnell hat der Zwerg alle Zettelchen wieder eingesammelt – doch wie gehörten sie jetzt zusammen? Wie heißen die Blumen richtig? Die Zeit drängte und auch die Blumen wurden immer ungeduldiger. Auf den Zetteln standen die folgenden Namenteile."

Die Spielleitung hat Blumen oder Abbildungen von Blumen dabei. Sie bereitet Papierkärtchen mit den vollständigen Blumennamen und mit den Namensteilen, in großen Buchstaben geschrieben, vor:

GÄNSE – CHEN – HYA – MÜTTERCHEN – BUSCH – KRO – MEIN – STIEF – VERGISS – NAR – BLÜMCHEN – CHEN – WIND – GLÖCKCHEN – BLUME – PE – TRAUBEN – ZISSE – SCHLÜSSEL – ZAHN – PRIMEL – OSTER – SCHNEE – KUS – RÖSCHEN – NICHT – VEIL – LÖWEN – TUL – ZINTHE – GLOCKE – ZINTHE – HYA

„Kinder, könnt ihr dem jungen Frühlingszwerg helfen, die Blumennamen wieder richtig zusammenzusetzen? Oder möchtet ihr vielleicht ganz neue Frühlingsblumen, mit ganz neuen Namen daraus entstehen lassen?"

(**Lösung:** Buschwindröschen, Gänseblümchen, Hyazinthe, Stiefmütterchen, Krokus, Vergissmeinnicht, Narzisse, Schneeglöckchen, Traubenhyazinthe, Schlüsselblume, Löwenzahn, Primelchen, Veilchen, Tulpe, Osterglocke)

Riesenblumen
Kreatives Malen

Die Spielleitung spricht:
„Wenn ihr wollt, malt die richtigen oder die Fantasieblumen so auf, wie sie aussehen oder aussehen könnten: groß und farbig und fantasievoll! Viel größer, als sie wirklich sind. Es können z. B. Riesenblumen sein, die im Garten des Riesen Bluwiduwidau wachsen. Malt mit Wasserfarben oder mit Ölkreide auf große Malblätter."

Vertiefungsangebote — Frühling

Die kleinen Forscher: Erddetektive

Die Spielleitung bespricht mit den Kindern:
„Sobald es im Frühling warm geworden ist, beginnen die Bauern mit ihrer Arbeit auf den Feldern. Die Äcker müssen für die Aussaat vorbereitet werden. Bei einem Spaziergang im frühen Frühling können wir sehen, wie auf den Feldern mit großen Traktoren gearbeitet wird. Der Boden wird aufgelockert und mit den Eggen fein und glatt geeggt. Ist der Boden durch den Sonnenschein warm genug, beginnt die Aussaat der Samenkörner und etwas später das Stecken der Saatkartoffeln.

Habt ihr euch schon einmal die Erde genauer angesehen, in der alle Pflanzen wachsen und auch viele Tiere leben? Lasst uns bei einem Spaziergang die Erde genauer betrachten. Ihr werdet überrascht sein, was ihr dabei entdecken könnt. Dazu packen wir kleine Schaufeln, Siebe und (Plastik-)Tüten ein, damit wir die Erde untersuchen und Proben davon auch mitnehmen können. Im Kita-Außengelände, im Wald, an einem Ackerrand oder am Rande eines Blumenbeetes können wir mit den Schippen den Boden aufgraben und untersuchen:

- Welche Farbe hat die Erde?
- Wie fühlt sie sich an?
- Ist sie nass oder trocken, staubig, krümelig oder pampig?
- Was entdeckt ihr in der Erde? Woraus besteht sie?
- Wie riecht sie?
- Findet ihr kleine Tiere?
- Findet ihr Steine?
- Findet ihr „Schätze"?
- Nehmt etwas Erde und alles, was euch interessant erscheint in euren Tüten mit.
- Entdeckt ihr auf eurem Spaziergang Erde, die anders aussieht? Zum Beispiel auf anderen Feldern oder an anderen Orten?
- Findet ihr einen Maulwurfshügel? Wie sieht diese Erde aus? (Maulwurfshügelerde mitnehmen)
- Wie sieht die Erde im Wald aus? (Walderde mitnehmen)
- Könnt ihr auch in einem Garten Erde untersuchen und sammeln? Wie sieht die Gartenerde aus? Leben in ihr Tiere? (Gartenerde mitnehmen)
- Sammelt und untersucht auch den Sand aus dem Sandkasten (Sand mitnehmen).
- Interessant ist auch die Asche eines Holzkohlengrills oder Kaminofens (Asche mitnehmen).
- Findet ihr irgendwo Lehm oder Ton? Oder ganz andere Erde?
- Was geschieht, wenn ihr die verschiedenen Erden siebt?"

Malen mit Erdfarben
Kreatives Malen

„Nachdem ihr die unterschiedlichen Erden untersucht habt, könnt ihr daraus Erdfarben herstellen. Dazu müsst ihr sie trocknen, mit einem Mörser fein zerreiben und sieben. Zum Einfärben könnt ihr Pulver von zerriebenen roten Ziegelsteinen oder weißer Kreiden nehmen. Oder feinen Sand, gesiebte Holzasche oder Gipspulver unter die feinen Erden mischen. So erhaltet ihr verschiedene Farben. Unterschiedliche Bindemittel wie z. B. Öl, Milch, Quark, Mehl oder Tapetenkleister müssen mit den Farbpulvern am besten in großen Gläsern (mit Schraubverschluss) gemischt werden. Tapetenkleister eignet sich sehr gut für das Malen auf großen Bögen von festem, saugfähigem Papier. Und schon kann das Malen beginnen:

Probiert einfach aus, wie euch das Malen mit diesen Farben gefällt. Lasst die Pinsel über das große Papier wandern. Ihr könnt Spuren malen oder mit den unterschiedlichen Farben die verschiedenen Felder aufmalen, auf denen die Samen zum Wachsen ausgesät werden oder einfach nur das, was euch gefällt!"

Die getrockneten Bilder in der Kindergartengalerie ausstellen.

Vertiefungsangebote　　　　　　　　　　　　　　　　　　　　　　　　　　　　　　Frühling

Die kleinen Forscher: Samendetektive

Im Frühling, wenn die Sonne wärmer scheint, wird es Zeit, in den Gärten und auf den Feldern die Samenkörner für Früchte, Gemüse und Blumen in die Erde zu legen. Der Boden muss dafür warm genug sein und es darf nachts keinen Frost mehr geben. Die Samenkörner mögen eine warme Erde, damit sie keimen und wachsen können. Auf den Feldern verrichtet diese Arbeit der Bauer mit seinen Maschinen. Zu Hause im Garten kann das jeder mit seinen Gartengeräten selbst machen. Dafür muss der Boden vorbereitet, aufgelockert und gedüngt werden. In der lockeren Erde haben es die Samenkörner leichter, ihre zarten Wurzeln und Keimtriebe auszustrecken. Der Dünger ist ihre Nahrung, damit sie die Kraft zum Wachsen haben. Damit sie auch genug zu trinken haben, müssen sie gegossen werden. In der Natur macht das der Regen. Zu Hause muss das mit der Gießkanne erledigt werden. Sind die Samen in die Erde ausgesät, dauert es einige Tage, bis die ersten kleinen Keimblättchen vorsichtig aus der Erde herausschauen. Das kann bei den verschiedenen Pflanzen unterschiedlich lang dauern.

Samen aussäen

Material: pro Kind 1 mittelgroßer Blumentopf; Gartenerde und organischen Dünger; verschiedene Samen, z. B. Kresse, Getreidekörner, Sonnenblumenkerne, Radieschen, Apfelkerne, Walnüsse, Kürbiskerne; Schaufeln; Gießkannen; Schälchen für die Samen; Briefwaage; Lupen

Die Spielleitung fordert die Kinder auf:
„Schaut euch verschiedene Samen an und sät sie aus. Legt dazu die mitgebrachten Samen in die Schälchen, damit ihr sie gut ansehen könnt.
- Schaut sie auch mit der Lupe an.
- Fasst sie an oder berührt sie mit den Fingerspitzen.
- Sind Samen dabei, die ihr essen möchtet?
- Wie schwer ist ein Samenkorn? Wie schwer sind viele?
- Kennt ihr die Pflanzen, die daraus wachsen?"

Jedes Kind erhält einen Blumentopf, schreibt mit Filzstift seinen Namen darauf, malt ein Symbol für den entsprechenden Samen auf den Topf, füllt Gartenerde ein, gibt ein klein wenig Dünger dazu und sät seinen ausgesuchten Samen aus. Die Erde angießen und die Töpfe an einen sonnigen Platz stellen. Jedes Kind ist für seinen Topf verantwortlich, achtet darauf, dass die Erde feucht ist.

Zur weiteren Beobachtung ein „Wachstumsprotokoll" für jeden Blumentopf anlegen: Tag 1, Tag 2, Tag 3 ... usw. nach dem Aussäen. Jedes Kind trägt hier ein bzw. lässt hier eintragen, welche Veränderung es an seinem Blumentopf wahrnimmt, wann die ersten Keimblätter, das weitere Wachstum zu sehen sind, wann geerntet werden kann oder wann z. B. die Sonnenblumenpflänzchen in den Garten oder in größere Töpfe umgepflanzt werden müssen.

Wichtig:
→ Die Kinder darauf hinweisen, wie lange jeder Samen ungefähr benötigt, bis die ersten Keimblättchen zu sehen sind. In die Blumentöpfe nur Samen aussäen, die bald austreiben.
→ Samen, die eine längere Keimzeit haben, können am besten von allen Kinder gemeinsam in einem Topf ausgesät, gepflegt und beobachtet werden.

Vertiefungsangebote Frühling

Die Biene Isabella
Geschichte

„Heute geht es los!", rief die Bienenkönigin ihren Arbeiterinnen zu. „Der Vollfrühling ist da und ab heute beginnen die Obstbäume zu blühen. Frühlingsblumen, Büsche und Hecken kennt ihr ja schon. Die blühen schon seit geraumer Zeit. Doch jetzt sind die Blütenknospen der Kirschbäume vorm Aufplatzen und das bedeutet für uns noch mehr Arbeit, als wir bisher schon hatten." Alle älteren Bienen wussten, was das bedeutete: fliegen, fliegen, fliegen ... von morgens früh mit den ersten Sonnenstrahlen los bis abends, wenn es dunkel wurde.

Auch die kleine Biene Isabella kannte das schon. Jeden Tag flog sie unermüdlich zu den Blüten, sammelte Blütenstaub, sog den Nektar mit ihrem Rüssel ein und brachte dann alles zurück in den Bienenstock. „Liebe Bienen", tönte die laute Stimme der Oberbiene beim Morgenappell, „ihr wisst alle, wie wichtig wir sind. Wir bestäuben die Blüten und sammeln Pollen und Nektar ein. Ohne uns gäbe es kein Obst, kein Gemüse, keine Früchte. Also macht eure Aufgabe gut. Sind eure Flügel sauber und geputzt? Habt ihr eure Körperhaare sorgfältig gebürstet, damit Pollen und Blütenstaub gut darin hängen bleiben können? Denkt daran, euch den Weg zurück zum Bienenstock gut einzuprägen! Was macht ihr, wenn es plötzlich regnet? Habt ihr eure Stacheln gespitzt, falls ihr sie benutzen müsst? Könnt ihr eure Entspannungsübungen, falls euch ein Menschenkind angreift und ihr ruhig bleiben müsst?" Und so weiter und so weiter!

Isabella konnte nicht mehr ruhig bleiben. Ab und zu summten schon ihre Flügel, die sie kaum noch still halten konnte. „Wir wollen endlich los!", rief eine andere Biene, der es auch zu lange dauerte. „Das wissen wir doch alles schon!" Das Gebrumme und Gesumme wurde immer lauter im Bienenstock. Da, jetzt endlich war die Oberbiene fertig! Mit lautem Gebrumm, Geschubse und Gedrängel am Flugloch stürmten alle hinaus und flogen los. „Hui, ist das schön!", dachte Isabella und flog einige Runden, nur so zum Spaß. Um den Bienenstock herum, über das alte Gartenhaus, am Bach entlang und ... „Hey du, du fliegst in die falsche Richtung!", rief eine Biene ihr zu, „hier geht es entlang!" „Als ob ich das nicht wüsste", dachte Isabella. Es war nur schön, einfach so in der warmen Sonne zu fliegen. Die Luft war frisch und es duftete nach Tausenden von Blüten. „Jaja, ich komme schon!", murmelte sie und schon flog sie den anderen Bienen hinterher. „Wir sind hier, wir sind hier!", hörten sie auf ihrem Flug überall die Blüten rufen. Manchmal war es recht schwer, sich zu entscheiden, zu welcher Blüte man zuerst fliegen sollte. „Hmm, wie gut sie riechen", dachte Isabella immer wieder. „Und wie schön es in der Nase kitzelt, wenn ich meinen Rüssel in die Blütenkelche stecke und den Nektar aufsauge!"

Ihr könnt euch sicherlich vorstellen, welch ein lautes Summen und Brummen in den Obstbäumen zu hören war, als Isabella mit ihren Bienenschwestern von Kirschblüte zu Kirschblüte flog, wie sie in den geöffneten Blütenköpfen landeten, eifrig zwischen den Blütenblättern, Staubgefäßen und dem Stempel herumkrabbelten und Pollen sammelten, Nektar saugten und dabei ganz selbstverständlich die Blüten mit dem Blütenstaub der anderen Blüten bestäubten. „Danke, danke! Schön dass ihr uns besucht!", riefen ihnen dann die Blüten zu. Und obwohl die Arbeit anstrengend war, so machte sie Isabella glücklich und froh. Jedes Mal, wenn sie zurück in den Bienenstock flog, rief sie den Blüten zu: „Gleich komme ich wieder! Wartet auf mich!"

Und „Husch!" war sie weggeflogen.

Bienen und Blüten
Entspannungsspiel mit Pinselmassage

Die Kinder gehen paarweise zusammen, ein Kind legt sich als Blüte auf eine Bodenmatte, das andere „bestäubt" als Biene die Blüte mit dem Pinsel. Entweder das „Bienenkind" pinselt langsam und gefühlvoll den Rücken oder den Bauch, Arme und Beine des Blütenkindes ab oder das Blütenkind sagt dem Bienenkind, welche Körperteile es mit dem Pinsel „bestäuben" soll. Danach findet ein Rollentausch statt.

Wichtig: Nicht in die Augen pinseln!

Vertiefungsangebote | Frühling

Die bunten Regentropfen
Geschichte

Es war wieder soweit. Der Frühling hatte begonnen. Überall auf den Feldern und in den Gärten wurden die Samen ausgesät, damit die Früchte wachsen und geerntet werden konnten. Und da die Pflanzen zum Wachsen Wasser brauchten, musste es in dieser Zeit natürlich oft regnen. Für die Regenwolken mit den vielen Regentropfen war das eine arbeitsintensive Zeit. Regnen, regnen, regnen sollten sie. Aber – und es gab ein großes „Aber"(!) – die Menschen wollten zwar den Regen, aber am liebsten hatten sie es, wenn es nachts regnete und tagsüber die Sonne schien. „Regnen soll es schon, aber nass werden wollen wir nicht!", sagten sie. Das gefiel den Regentropfen überhaupt nicht. Wenn sie schon so wichtig waren und so viel für die Menschen tun mussten, wollten sie dabei wenigstens gesehen und beachtet werden. „Was können wir nur tun?", überlegten sie. Sie berieten lange, sehr lange. „Ich habe eine Idee", sagte da ein kleiner Tropfen, „ich habe mich schon immer über all die bunten Farben auf der Erde gefreut und es immer wieder bedauert, dass wir so farblos sind. Kein Wunder, dass uns niemand sieht und beachtet. Wie wäre es, wenn wir in bunten, fröhlichen Farben regnen würden und viele schöne Muster auf unserer Regentropfenhaut hätten? Dann würden uns die Menschen bestimmt mögen!" „Hhm", da könnte was dran sein!", erwiderte der Obertropfen. „Doch wie sollen wir bunt und farbig werden?" „Wir könnten zur Regenhexe Patschilda gehen und sie fragen, ob sie einen Zauber zum Buntwerden für Regentropfen hat.", schlug eine Regentröpfin vor. Alle waren davon begeistert und zogen gleich ganz aufgeregt zum Regenwolkenhaus der Regenhexe Patschilda los.
Patschilda war natürlich eine sehr beschäftigte Hexe. Sie war für alle Regengebiete in Europa zuständig. Und die sind sehr groß! „Ich komme schon, ich komme schon!", rief sie, als die Tropfen laut und schnell an ihre Tür trommelten. „Was ist denn los mit euch? Ihr seid ja ganz aufgeregt," fragte sie. „Regenhexe Patschilda, wir brauchen deine Hilfe. Hast du einen Zauber, der uns farblose Regentropfen bunt, farbig und gemustert zaubern kann?" Und sie erzählten ihr von ihrem Vorhaben. „Ja", antwortete die Regenhexe. „Ich habe so einen Zauberspruch. Leider hat er einen Haken. Da ich nicht so viel Farbe für alle Regentropfen hexen kann, wirkt dieser Zauberspruch nur für drei Tage im Jahr. Aber wenn euch das hilft, könnten wir gleich anfangen." „Und wie soll dieser Zauberspruch heißen?", wollen einige neugierige Tropfen wissen. „Moment, ich hole mein Zauberbuch", sagte Patschilda, ging in ihren Zauberturm und holte das Zauberbuch. „Hier ist er!" Sie las vor:

„Wille, walle, Wolkenturm,
zwille, zwalle Regensturm,
fille, falle Farbenpracht,
aus weiß wird bunt, bei Tag und Nacht.
Exen, mexen, trexen, so will ich hexen!"

Patschilda sprach dann zu den Regentropfen: „Geht jetzt schnell zurück in eure Regenwolken und seid regenbereit. Ich hexe die Farben in eure Regenwolken und dann könnt ihr sofort bunt auf die Erde fallen. Doch denkt dran, nach drei Tagen ist die Farbe verbraucht!"
Und stellt euch vor, die Zauberei klappte! Alle Regentropfen fielen bunt, farbig und gemustert auf die Erde. War das eine Aufregung bei den Menschen und den Tieren! Das hatte es noch nie gegeben! Jeder wollte die bunten Tropfen sehen. Es war auch ganz egal, ob man dabei nass oder bunt wurde. So viel Aufmerksamkeit hatten die Regentropfen noch nie bekommen und das gefiel ihnen sehr, sehr gut. „Im nächsten Jahr kommen wir ganz sicher wieder als bunte Regentropfen", nahmen sie sich fest vor.

Buntes Regentropfen-Bild
Kreatives Malen

Die Spielleitung fordert die Kinder auf:
„Stellt euch vor, wie bunt diese Regentropfen ausgesehen haben könnten, welche Farben und Muster auf ihnen zu sehen sind. Malt sie nach euren Vorstellungen ganz groß mit Ölkreiden auf einen großen Malkarton."

Zappelhase Valentin 📖
Geschichte

„Zappelhase" – so wurde er von allen anderen Osterhasen genannt. Doch was konnte er dafür, dass er nicht so gut ruhig sitzen konnte und stattdessen viel lieber auf den Wiesen und Feldern herum hüpfte? Nichts konnte er dafür!

Eigentlich war er ein ganz normaler Hase. Er konnte schnell laufen, flink Haken schlagen, hoch hüpfen und große Sprünge machen. Er hatte besonders gute Augen und sah auch immer als Erster den Fuchs kommen. So konnte er die anderen Hasen rechtzeitig warnen. Auch hatte er sehr gute Ohren und hörte den Jäger anschleichen, lange bevor er zu sehen war. Das alles konnte er besonders gut. Wenn, ja wenn da die Sache mit dem Ruhig sitzen bloß nicht gewesen wäre!

Besonders die Osterzeit, wo alle Hasen konzentriert die Ostereier anmalten, war für ihn eine schlimme Zeit. „Valentin, bleib ruhig sitzen!" „Valentin, konzentriere dich auf die Eier!" „Valentin, pass auf die Farben auf!" Valentin, schau nicht ständig aus dem Fenster!" Valentin, ... Valentin, ... Valentin...! Es war ganz einfach fürchterlich! So gerne würde er jetzt draußen herumrennen, hüpfen, springen, sich Verstecke bauen in den Hecken. Er wünschte sich sehnlichst einen „Oster-weg-Zauber". Das wäre wunderbar! Doch alle Wünsche und Träume halfen ihm nichts. Er musste wie alle Hasen in der Osterzeit die Eier zu Ostereiern anmalen.

Ihr könnt euch sicher vorstellen, wie das für ihn war. Er zappelte vor lauter Ungeduld auf seinem Hasenstuhl herum, schaukelte hin und her, vergaß sein Muster, das er auf die Eier malen sollte. Wenn er dann vor lauter Anstrengung weinen musste, wischten seine Tränen das, was er gerade mühsam gemalt hatte, wieder weg und er musste von vorne beginnen. Zu allem Unglück ärgerten ihn dann auch noch die anderen Hasenkinder. „Zappelhase Valentin, kriegt kein Osterei richtig hin!", so sangen sie. Das konnte natürlich nicht lange gut gehen. Er wurde immer unruhiger und ärgerlicher und wütender! Und dann passierte es: Sein rechtes Ohr hing im roten Farbtopf! Oje! Als er versuchte, die rote Farbe von seinem Ohr abzuwischen, streifte sein linkes Ohr den grünen Farbtopf! Jetzt hatte er nicht nur ein rotes rechtes Ohr, sondern auch noch ein grünes linkes Ohr! Das war ein Gelächter bei allen anderen Hasenkindern! Und prompt riefen sie: „Zappelhase Valentin, hat zwei Ohren rot und grün!" In seinem Ärger über die anderen Hasenkinder stieß er an die gelbe Farbe und die fiel natürlich komplett um! Es wurde immer schlimmer! Je mehr er sich ärgerte, desto lauter sangen die anderen Hasenkinder immer und immer wieder. „Zappelhase Valentin, kriegt auf einmal nichts mehr hin!" Das machte ihn so wütend, dass er plötzlich mit einem „Wusch" alle Farbtöpfe umstieß. Die Farben ergossen sich über den Tisch, die Eier und den Fußboden. Valentin rannte, so schnell er konnte, weg! Weit, weit weg! So weit weg, dass er niemanden und nichts mehr hören konnte und weinte bitterlich!

Doch stellt euch vor, was mit den Ostereiern passiert war! Die Farben hatten sich ganz unterschiedlich über die weißen Eier ergossen. Manche Eier waren marmoriert, andere Eier waren durch die verschiedenen Farbpfützen gerollt und hatten so sehr schöne, neue Muster bekommen! Auf anderen waren nur Farbspritzer zu sehen. Und alle Osterhasen und Osterhasen-Kinder staunten! Und nicht nur die Osterhasen staunten ...

So schöne Ostereier hatte es noch nie gegeben!

Valentin, der Ostereier-Zauberer 📖
Geschichte erfinden

Die Spielleitung fragt die Kinder: „Was meint ihr, wie diese Geschichte ausgegangen ist? Könnt ihr sie weitererzählen? Ich kann euch noch eins verraten: Seit dieser Zeit gibt es ein Lied, das bei den Osterhasen gesungen wird!"

*Osterhase Valentin, kriegt die schönsten Eier hin.
Marmoriert und bunt gekleckst, bunte Spritzer, wie verhext! Bunte Ostereier!*

*Osterhase Valentin, kriegt die schönsten Eier hin.
Kirschenrot und himmelblau, sonnengelb, grasgrün und grau. Viele Ostereier!*

*Osterhase Valentin, kriegt die schönsten Eier hin.
Alle Hasen staunen sehr, der Valentin ist ein Zauberer! Schöne Ostereier!*

„Denkt euch eine Melodie dazu aus!"

Vertiefungsangebote | Frühling

Die kleinen Forscher: Erdbeerdetektive

Die Spielleitung erzählt den Kindern:
„In der zweiten Frühlingshälfte laden uns die reifen Erdbeeren zu einem Besuch auf dem Erdbeeracker ein. Jetzt warten sie darauf, gepflückt, gegessen und zu Speisen verarbeitet zu werden. Leuchtend rot strahlen sie uns dicht über dem Boden entgegen. Unreife weiße, hellgrüne und unzählige Beeren in den verschiedensten Rottönen hängen an langen Stielen. Dicke und dünne, kleine und große, runzelig oder gleichmäßig rund und oval gewachsene Früchte sind zu sehen. Ausgerüstet mit kleinen Eimerchen geht der Spaß los! Und natürlich dürfen dabei auch die Erdbeeren schon gegessen werden. Eine in den Mund, eine in das Eimerchen!
Bevor ihr jetzt im Kindergarten die gepflückten Erdbeeren esst oder damit eine leckere Erdbeerspeise zubereitet, schaut sie euch ganz genau an. Dazu könnt ihr wieder die Lupen herausholen und sie damit gründlich betrachten. Was gibt es da zu entdecken?

- Seht ihr die vielen kleinen gelben Kerne, die in die Erdbeerhaut eingebettet sind? Diese kleinen gelben Kerne sind, biologisch gesehen, kleine Nüsse und die Samen der Erdbeere. Schaut euch die Größen der Erdbeeren an: findet ihr zwei, die gleich groß sind?
- Schaut euch die Form der Erdbeeren an: findet ihr zwei, die genau die gleiche Form haben?
- Sucht die Erdbeeren heraus, die alle eine andere Form haben.
- Findet Erdbeeren mit der gleichen Farbe!
- Findet Erdbeeren mit unterschiedlichen Farbschattierungen! Wie würdet ihr diese Farbschattierungen beschreiben?
- Schaut euch die beiden Enden der Erdbeeren an: sehen sie gleich aus?
- Wie sieht das Ende aus, an der die Erdbeere am Stiel angewachsen war? Hat sie dort noch den kleinen Blätterkranz?
- Nehmt eine Waage und wiegt die Erdbeeren. Wie schwer sind sie? Wieviel Gramm wiegt die dickste und größte Frucht? Und die kleinste Beere?
- Schneidet die Erdbeeren auf und schaut sie euch von innen an: Was gibt es da zu sehen?
- Vergleicht die aufgeschnittenen Beeren miteinander. Sehen alle gleich aus?

Es gibt sicherlich noch viel, viel mehr zu entdecken. Seid mutig und tut es! Wenn ihr wollt, könnt ihr alles, was ihr jetzt mit den Erdbeeren gemacht habt, fotografieren."

Tipp
Die Fotos entwickeln lassen und in einer „Kindergartengalerie" ausstellen.

Erdbeeren, Erdbeeren ...
Sprechspiel

Erd-be-eren, **Erd**-be-eren, **dick** und rot und **rund**,
Erd-be-eren, **Erd**-be-eren, **die** sind so ge-**sund**.
Erd-be-eren, **Erd**-be-eren, **die** ich ger-ne **mag**,
Erd-be-eren, **Erd**-be-eren, **ess** ich je-den **Tag**!

Sommer

Die kleinen Forscher: Marienkäferdetektive

Die Spielleitung bespricht mit den Kindern:
„Während der Sommermonate machen wir uns auf die Suche nach Marienkäfern. Ausgerüstet mit Lupen (Unterstützung durch die Eltern) suchen wir im Garten und an Feldrändern nach diesen kleinen roten Käfern. Bevorzugt an den Stellen, an denen es viele Blattläuse, die Hauptnahrung der Marienkäfer, gibt. Dabei gibt es allerhand zu entdecken, was durch den Blick der Lupe sehr interessant werden kann. Haben wir Glück und haben einen Marienkäfer entdeckt, so ist es ganz aufregend, ihn mit und ohne Lupe in seiner gefundenen Umgebung zu beobachten und zu betrachten. Sollten wir auf dieser Entdeckungstour keine Käfer finden, so gibt es sicherlich sehr, sehr viele andere, interessante Erfahrungen, über die in einer folgenden Gesprächsrunde berichtet werden kann. Natürlich kann von dieser „Exkursion" auch alles mitgebracht werden, was unsere Neugier geweckt hat."

In einem Schaukasten können diese Schätze gesammelt, dargestellt und mit Hilfe der Lupe immer wieder neu betrachtet werden.

Die Marienkäferversammlung
Kreatives Malen

Nach eingehender Bildbetrachtung eines Marienkäfers und Besprechung der Maltechnik malt jedes Kind seinen Marienkäfer großflächig mit Wachs- oder Ölkreiden auf einen farbigen Malkarton. Alle Bilder zusammen ergeben „die Marienkäferversammlung", die an einer schönen Wandfläche in der Einrichtung einen würdigen Ausstellungsplatz erhält.

Die Marienkäfer
Geschichte erfinden

Gemeinsam erfinden die Kinder eine Geschichte zur Marienkäferversammlung. Diese Geschichte kann ganz „verrückt" und phantasievoll sein. Es gibt dabei kein richtig oder falsch, nur Fantasie. Schön wäre es, wenn jemand gleich während des Erzählens diese erfundene Geschichte aufschreibt.

Vertiefungsangebote — Sommer

Der Hummeltag
Sprechvers/Bewegungsspiel

Die Sonne weckt die Hummel auf,	*Die Kinder liegen in Rückenlage auf dem Boden.*
schnell streckt sie ihre Nase raus.	*Sie heben den Kopf, ...*
Sie reckt sich und sie streckt sich.	*... recken und strecken sich, ...*
Sie strampelt mit den Beinchen,	*... strampeln mit den Beinen, ...*
sie schüttelt ihre Füßchen,	*... schütteln ihre Füße, ...*
sie wackelt mit den Zehen.	*... wackeln mit den Zehen.*
Sie stellt sich auf und wird ganz groß.	*Die Kinder stehen auf und strecken sich.*
Sie hebt und senkt die Flügel,	*Arme auf und ab bewegen, ...*
sie wiegt sich hin und wiegt sich her.	*... hin und her wiegen, ...*
Sie schaut nach links,	*... nach links schauen, ...*
sie schaut nach rechts.	*... nach rechts schauen, ...*
Sie atmet ganz tief ein und aus	*... tief ein- und ausatmen, ...*
und ist im hohen Bogen	
ganz schnell davongeflogen.	*... weglaufen.*
Sehr müde kommt sie dann nach Haus,	
sie legt sich hin und ruht sich aus.	*Hinlegen und ausruhen.*

Die kleine Hummel
Entspannungsgeschichte

Die kleine Hummel legt sich ganz entspannt hin, ... sie legt sich so hin, dass sie bequem liegen kann, ... dass sie sich wohl fühlt, ... dass es ihr gut geht. ... Sie probiert aus, was für sie die beste Lage oder Position ist. ... Dann spürt sie, ob sie schon ruhig liegen kann oder ob sie sich noch bewegen möchte. ...

Doch jetzt ist alles an der kleinen Hummel müde und sie will nichts mehr bewegen. ... Die Beine und Füße liegen ganz ruhig und entspannt, ... die Flügel (Arme) liegen ganz ruhig und entspannt. ... Der Rücken liegt entspannt. ... Der Po liegt entspannt. ... Der Bauch liegt entspannt. ... Der Kopf liegt entspannt. ... Auch die Augen sind müde. ... Die kleine Hummel will sie schließen. ... Jetzt atmet die kleine Hummel langsam und ruhig ein und aus, ... sie spürt, wie sie durch die Nase ein- ... und durch deinen Mund ausatmet. ... Ein ... und aus, ... ein ... und aus. ... Immer wieder. ... Die kleine Hummel spürt auch, wie sich dabei ihr Bauch ganz sanft bewegt, ... wie er sich hebt und senkt, wenn sie ein- und ausatmet. ... Und dann liegt sie ganz ruhig und still und denkt: „Wie schön ist es jetzt, so ruhig zu liegen. ..." Und sie schwebt ins Traumland und träumt einen kleinen Hummeltraum. ... Einen Hummeltraum, wie ihn nur kleine Hummeln träumen können. ...

Dann wacht die kleine Hummel wieder auf. Sie wird von einem Feenglöckchen geweckt. ... Sie öffnet langsam ihre Augen, ... reckt sich und streckt sich, strampelt mit ihren Füßen, bewegt die Flügel, ... sie atmet tief ein und aus und ist wieder ganz wach. Langsam setzt sie sich hin. ... Und alle kleinen Hummeln sind wieder die Kinder hier im Kindergarten. ...

Weitere Aktivitäten
→ Über die Entspannungserfahrungen sprechen.
→ Über die Hummelträume sprechen.
→ Die Traumbilder aufmalen.

Vertiefungsangebote Sommer

Ochse, Stier oder Bulle?
Gespräch - weitere Bildbetrachtung - Bauernhofbesuch

Die Spielleitung bespricht mit den Kindern: „Wer gehört zur Familie der Kühe? Wer ist die Kuh, das Kälbchen, das Rind, der Ochse, der Stier, der Bulle?" Wenn möglich, kann das im späteren Verlauf auch im Rahmen eines Ausflugs auf den Bauernhof oder beim Besuch einer Kuhweide real erlebt werden.

Ich wär so gern ...
Kreisspiel

Melodie in Anlehnung an: „Zehn kleine Negerlein ..."

„Ich wär so gern ein **Schmetterling**", sagt **Edeltraud, die Kuh**,
mit bunten Flügeln, wunderschön, flög ich dann immerzu.
Ganz leicht und fröhlich mit dem Wind im warmen Sonnenschein,
zu allen Blüten, hier und da, ja das wär wirklich fein!"

„Ich wär so gern ein großer **Bär** mit dickem, braunem Fell,
mit breiten Tatzen, schwarzen Krallen", sagt **Kälbchen Tina** schnell.
„Ganz viele Fische könnt` ich fangen und würde Honig schlecken.
In meiner Höhle würd ich mich im Winter dann verstecken."

„Ich wär so gern 'ne kleine **Maus**", sagt **Oliver, der Stier**,
„lief aus dem Mauseloch hinaus und wäre nicht mehr hier.
Ganz vorsichtig und blitzgeschwind würd ich die Milch auflecken,
und wenn die große Katze käm, würd ich mich sehr erschrecken."

„Ich wär so gern ein **Känguru**", sagt **Anatol, das Rind**,
„würd springen, hüpfen immerzu, wie Kängurus halt sind.
In meinem Beutel hätte ich dann Platz für viele Sachen.
Das sähe sicher lustig aus und jeder würde lachen."

„Ich wär so gern ein weißer **Schwan**", sprach **Eduard, der Ochs'**,
„wär elegant und königlich, grazil in einem fort.
Mit meinem langen Schwanenhals könnt ich ins Wasser tauchen.
Ganz gleich wie hoch Wellen wär`n, ich würde nie ersaufen."

„Ich wär so gern ein **Stachelschwein**", wünscht sich der **Bulle Tim**,
„mit vielen Stacheln, spitz und fein, das wär ein tolles Ding.
Und jeder, der mich fangen wollt, den würde ich dann stechen.
So hätte ich dann ganz schnell Ruh, man wird mich nicht vergessen."

Spielablauf
Die Kinder stellen sich im Kreis auf. Sie entscheiden, ob sie Kuh, Kälbchen, Stier, Rind oder Ochs' sein wollen. Die Strophen singen, die „Kreiskinder" begleiten mit Klatschen. Entsprechend der Strophen gehen die „Tierkinder" in die Kreismitte und spielen frei ihre Tierrolle.

Vertiefungsangebote   Sommer

Schneckentalente
Bewegungsspiel

Die Schnirkelschnecke Tina
ist eine Ballerina.
Sie hüpft ganz hoch und tanzt „Hurra!"
Ja, so was war noch niemals da!

Die Schnirkelschnecke Ulmerin
ist eine super Turnerin.
Die Rolle vorwärts und zurück
das ist ihr bestes Meisterstück!

Die Schnirkelschnecke Rainer,
hat Muskeln, das glaubt keiner.
Sie stemmt ihr Haus, ihr glaubt es kaum
so hoch! Bis an den Gartenzaun!

Die Schnirkelschnecke Konstantin
liegt unter einem Sonnenschirm
mit eingecremtem Schneckenbauch
und denkt: „So ruhig geht es auch!"

Die Schnirkelschnecke Johannson,
die läuft am liebsten Marathon.
Sie ist die Schnellste weit und breit
und hat die beste Übungszeit.

Die Schnirkelschnecke Friedel
schaut gerne in den Spiegel.
Schminkt sich die Schneckenlippen rot
und nimmt Parfüm, das riecht so gut.

Die Schnirkelschnecke Kunigund,
die malt ihr Schneckenhaus ganz bunt.
Ein buntes Schneckenhaus, ganz klar,
war bisher so noch niemals da.

Und alle andern Schnirkelschnecken,
die sich im Schneckenhaus verstecken,
auch sie sind, das ist jedem klar,
auf ihre Weise wunderbar!

Spielablauf
Die Kinder spielen entweder alle gleichzeitig die einzelnen Szenen, während der Text gesprochen/einfach gesungen wird oder Kinder entscheiden sich, welche Schnecken sie sein möchten und spielen nur dann, wenn sie an der Reihe sind.

Bunte Schneckenhäuser
Kreatives Malen

Schneckenhäuser, z. B. das bunte Schneckenhaus der Schnirkelschnecke Kunigund (s.o.), großflächig mit Ölkreiden oder Wasserfarben auf einen großen Malkarton malen.

Vertiefungsangebote — Sommer

Schmetterling du kleines Ding ... 🎵

Tanzspiel

traditionell, Autor unbekannt

Schmetterling du kleines Ding,
such dir eine Tänzerin!
Juchheirassa, juchheirassa,
hei, wie lustig tanzt man da.
Hei lustig, lustig, wie der Wind,
wie ein kleiner Schmetterling.

Spielablauf
Die Kinder stellen sich in Kreisform auf. Sie singen und klatschen dazu. Ein Kind ist der Schmetterling, der im Kreis „herumfliegt" und sich eine/n Tänzer/in (ein neues Kind) sucht. Beide Kinder fassen sich an den Händen und tanzen gemeinsam im Kreis. Zwei (drei, vier, fünf, usw.) Schmetterlinge spielen und suchen sich eine/n Tänzer/in.

Die kleinen Forscher: Schmetterlingsdetektive 🔍

Die Spielleitung bespricht mit den Kindern:
„Bei schönem Wetter machen wir uns auf die Suche nach Schmetterlingen. Auf dem Kindergartengelände oder bei einem Spaziergang durch die Natur halten wir nach ihnen Ausschau. Überall dort, wo sie in blühenden Pflanzen Nahrung finden, können wir sie bei ihren tanzenden Flügen sehen. Dabei gilt es zu beobachten, was die Schmetterlinge in ihrem Verhalten von den anderen Insekten unterscheidet: Wie sehen sie aus? Welche Körperteile besitzen sie? Welche Farbe haben sie? Wie sind ihre Flügel gemustert? Wie sieht ihr Flug aus? Was gefällt euch besonders an den Schmetterlingen? Beobachtet sie aufmerksam!"
Zurück im Kindergarten die Erfahrungen und Eindrücke durch das Betrachten von Fotos weiterer Schmetterlinge ergänzen, dabei besonders auf die vielen verschiedenen Farben und Muster auf den Flügeln achten.

Zauberschmetterlinge 📖

Geschichte erfinden

Die Spielleitung fordert die Kinder auf:
„Denkt euch eine Fantasiegeschichte von den „Zauberschmetterlingen" aus. Stellt euch vor, ihr hättet bei eurem Spaziergang „Zauberschmetterlinge" getroffen. Gerade als ihr euch zu einer kleinen Pause hingesetzt habt, euer Frühstück essen wolltet, da kamen sie angeflogen. Vor jedem Kind setzte sich einer auf eine Blüte, blieb ganz ruhig sitzen und jeder konnte ihn genau anschauen. Er flog nicht weg. Anscheinend hatte er keine Angst vor euch. Er sah ganz bunt aus! Seine Flügel leuchteten in vielen Farben. Wunderschöne Muster waren darauf zu erkennen: Kreise, Spiralen, Linien, Kringel und Punkte. Und was ganz fantastisch war: sie fingen an mit euch zu reden und ihr konntet ihre Sprache verstehen.
Was meint ihr, was sie euch erzählt haben? Gemeinsam könnt ihr euch das jetzt ausdenken."

Vertiefungsangebote Sommer

Roggen, Gerste, Hafer ...
Rhythmisches Sprechspiel mit Orffinstrumenten

Rog-gen, **Wei**-zen, **Ger**-ste und der **Ha**-fer, **die**-se vier Ge-**trei**-de-sor-ten **wach**-sen auf dem **Ac**-ker.	*Schellenstab leicht schütteln*
Kommt her-bei die **Som**-mer-zeit, **sind** die Kör-ner **aus**-ge-reift. **Und** zu je-der **Ta**-ges-zeit, von **früh** bis in die **Dun**-kel-heit, **kannst** du auf den **Fel**-dern das Ge-**brumm** der Dre-scher **hö**-ren.	*Rasseln*
Un-ser Bau-er **drischt** sie aus, der **Mül**-ler mahlt das **Mehl** da-raus, der **Bäc**-ker bäckt draus **Brot** und Ku-chen, **das** schmeckt gut! Du **kannst's** ver-su-chen!	*Klanghölzer übers Trommelfell reiben.* *aufs Trommelfell patschen* *sich den Bauch reiben*

Spielablauf
Zu Beginn den Text gemeinsam mit den Kindern sprechen und rhythmisch klatschend, patschend und/oder stampfend begleiten. Danach sprechen und spielen die Kinder in ihren jeweiligen Instrumentengruppen die einzelnen Strophen.

Die kleinen Forscher: Getreidedetektive

Die Spielleitung spricht zu den Kindern:
„Im Sommer, wenn das Getreide heranreift, könnt ihr das an der beige-gelben Farbe der Getreidefelder erkennen. Bei einem Spaziergang durch die Felder habt ihr eine schöne Gelegenheit, dieses reife Getreide zu sehen und es vor Ort zu untersuchen. Eine Lupe, Schere, ein Metermaß, Fotoapparat und eine kleine Tasche/Tüte solltet ihr dabei auf keinen Fall vergessen. Die bei uns am häufigsten angebauten Getreidesorten sind Roggen, Weizen Gerste und der Hafer.
Am Feld angekommen, könnt ihr schon gleich am Rand des Getreidefeldes feststellen, welches Getreide hier auf diesem Acker wächst (bitte nur am Feldrand aufhalten). Dann werden die kleinen Forscher aktiv:
- Was ist das Besondere an der Getreidepflanze?
- Wie sieht die Wurzel, der lange Stiel, der Fruchtstand, die Ähre aus?
- Wie lang ist ein Halm?
- Wie sind die Körner in der Ähre verpackt?
- Wie viele Körner befinden sich in einer Ähre? Wer kann schon zählen?
- Wie riecht eine Ähre?
- Wie fühlen sich die Grannen an der Haut an? (Vorsicht, Augen!)
- Wie schmeckt ein Getreidekorn?
- Könnt ihr auch Tiere am und im Getreidefeld entdecken?

Ihr entdeckt sicherlich noch viel, viel mehr!"

Jedes Kind kann sich einige Getreidehalme abschneiden und sie mit in die Kita nehmen. Zurück in der Kita werden die mitgebrachten Schätze weiter untersucht:
Die Körner können „ausgedroschen" (aufgeschlagen/-geklopft), gewogen, gekostet, im Mörser oder auf einer harten Unterlage mit Steinen zermahlen (geschrotet) werden. Das Mehl aussieben und untersuchen.
Im Reformhaus oder in einer Mühle verschiedene Getreidearten in größeren Mengen kaufen und die Körner auf ihre Unterschiede in Form, Farbe, Größe u.a untersuchen. Aus diesem und zusätzlich gekauften Mehlsorten Brot oder Kuchen backen.

Mähdreschergeräusche
Sprechspiel/Bewegungsspiel mit Geräusch- und Klangimprovisationen

Mähdrescher, Mähdrescher, fährt jetzt los, fährt jetzt los, fährt jetzt los.
Mähdrescher, Mähdrescher, laut und groß, laut und groß! *langsamer sprechen*

Mähdrescher, Mähdrescher, ruckelt-zuckelt rum, ruckelt-zuckelt rum, ruckelt-zuckelt rum ...
Mähdrescher, Mähdrescher, rattert, knattert, brummt, rattert, knattert, brummt! *langsamer sprechen*

Mähdrescher, Mähdrescher, drischt die Körner raus, drischt die Körner raus, drischt die Körner raus ...
Mähdrescher, Mähdrescher, siebt die Spreu heraus, siebt die Spreu heraus! *langsamer sprechen*

Mähdrescher, Mähdrescher, presst das Stroh, presst das Stroh, presst das Stroh ...
Mähdrescher, Mähdrescher, wir sind froh, wir sind alle froh! *langsamer sprechen*

Spielablauf
Alle Kinder gleichzeitig:
- → Während der Vers gesprochen wird, spielen die Kinder den Mähdrescher im Raum und stellen alle gleichzeitig die Geräusche des Mähdreschers mit ihren Stimmen dar.
- → Losgelöst vom Vers: Bewegungsspiel mit Tempo und Lautstärke (Stimme und Fußgeräusche): Die Mähdrescher arbeiten und fahren: langsam, schnell, fahren langsam an, werden immer schneller, sind schnell und werden allmählich langsamer, bleiben stehen, fahren leise (Tretgeräusche und Stimme), fahren laut, ruhen sich aus ...
- → Die Mähdreschergeräusche mit Instrumenten und Materialien am Platz darstellen. Dafür entsprechende Materialien und Instrumente zur Verfügung stellen, damit die Geräusche ausprobiert werden können.
- → Mit Bewegung und Geräuschen/Lautstärke (Instrumenten und Materialien): Die Mähdrescher arbeiten und fahren wie oben: langsam, schnell, laut ... (Spielen und Bewegung)

In Gruppen
Die Kinder in vier Gruppen einteilen: rote Mähdrescher, gelbe Mähdrescher, blaue Mähdrescher, grüne Mähdrescher und das Spiel wie unter „Alle Kinder gleichzeitig" notiert durchführen.

Vertiefungsangebote — Sommer

Fünf kleine Kirschen
Fingerspiel

Eine kleine Kirsche, dick und rund,	*Beide Daumen strecken, Arme und Hände vor dem Bauch zu einem großen Kreis fassen.*
zwei kleine Kirschen, so gesund,	*Beide Daumen und Zeigefinger strecken, Bauch reiben.*
drei kleine Kirschen, groß und rot,	*Beide Daumen, Zeige- und Mittelfinger strecken, Arme hoch über Kopf strecken.*
vier kleine Kirschen ess ich ohne Brot	*Beide Daumen, Zeige-, Mittel- und Ringfinger strecken, „vier Kirschen" in den Mund stecken.*
fünf kleine Kirschen, ach wie fein, steck ich schnell in Mund hinein.	*Alle Finger strecken und einzeln zum Mund führen, Mund zuhalten.*

Spielablauf
Jede Textzeile sprechen und dazu einen, zwei, drei oder mehr Finger an jeder Hand gleichzeitig zeigen und pantomimische Bewegungsdarstellung zu jeder Verszeile ausführen.

Die kleinen Forscher: Kirschendetektive

Die Spielleitung spricht mit den Kindern:
„Sind die Kirschen reif, so sind auch die kleinen Forscher wieder unterwegs. Kennt ihr jemanden, in dessen Garten ein Kirschbaum mit reifen Früchten steht? Dann bittet ihn darum, ihn in diesem Garten besuchen zu dürfen. Dort könnt ihr vor Ort erkunden, wie ein Kirschbaum mit den reifen Früchten aussieht: Wie groß ist der Baum? Wie sieht die Rinde aus? Wie fühlt sich der Stamm an? Welche Form und Farbe haben die Blätter? Wo hängen die Kirschen? usw. Mit Hilfe der Erwachsenen besteht ganz sicher die Möglichkeit, einige Kirschen vom Baum zu pflücken, sie vor Ort zu untersuchen und natürlich zu essen. Ganz sicher dürft ihr dann auch noch Kirschen mit in die Kita nehmen, um sie dort weiter zu untersuchen und daraus gemeinsam eine wohlschmeckende Speise zuzubereiten. Besteht diese Möglichkeit nicht, so könnt ihr bei einem gemeinsamen Einkauf im Laden oder auf dem Markt Kirschen kaufen. Doch zuerst schaut euch die Kirschen an:

- Was ist das Besondere an einer Kirsche?
- Wie sieht sie aus?
- Welche Farbe hat sie?
- Welche Form hat sie?
- Hängt sie noch am Stiel? Hängen zwei Kirschen an den Stielen zusammen?
- Wie schwer ist eine Kirsche?
- Wie riecht eine Kirsche?
- Wie fühlt sich die Oberfläche (Haut, Schale) der Kirsche an?
- Wie schmeckt eine Kirsche?
- Was ist in jeder Kirsche versteckt? Schaut die Kerne genau an!
- Wer kann die Kirschkerne (wie weit) ausspucken?
- Was geschieht, wenn ihr eine Kirsche auf einem hellen Stoff verdrückt?
- Wie schmeckt der Kirschsaft? Probiert dazu auch gekauften Kirschsaft.
- Sammelt die Kirschkerne (Samen), übergießt sie (Erwachsener!) mit kochendem Wasser, lasst sie trocknen. Schaut sie an, wenn sie trocken sind …
- Was könnt ihr mit den getrockneten Kirschkernen machen?

Und, … und, … und, … ihr entdeckt sicherlich noch viel mehr!"

Vertiefungsangebote   Sommer

Die Farben der Sonnenblume
Sprech- und Ratevers

Sonnenblumen, Sonnenblumen, leuchtend gelb,	*Was ist gelb an den Sonnenblumen?*
Sonnenblumen, Sonnenblumen strahlen in die Welt!	*(Blütenblätter)*
Sonnenblumen, Sonnenblumen, helles Grün,	*Was ist grün …?*
Sonnenblumen, Sonnenblumen, ich kann euch sehn!	*(Stiele und Blätter)*
Sonnenblumen, Sonnenblumen, orange und braun,	*Was ist orange und braun …?*
Sonnenblumen, Sonnenblumen, schön anzuschaun!	*(Staubgefäße, Fruchtstände)*
Sonnenblumen, Sonnenblumen, schwarz, weiß und grau,	*Was ist schwarz, weiß und grau …?*
Sonnenblumen, Sonnenblumen, seh ich genau!	*(Sonnenblumenkerne)*
Sonnenblumen, Sonnenblumen, groß und klein,	*Was ist groß und klein …?*
Sonnenblumen, Sonnenblumen, seid nicht allein!	*Warum sind die Sonnenblumen nicht allein?*
	(Bienen, Hummeln ….)
Sonnenblumen, Sonnenblumen, gut versteckt,	*Was ist gut versteckt …?*
Sonnenblumen, Sonnenblumen, hält dich dort fest!	*Was hält sie fest? (Wurzeln)*

Spielablauf
Die Spielleitung liest den Vers langsam vor. Die Kinder erraten, worauf sich die Beschreibungen bei den Sonnenblumen beziehen. Dieses Spiel kann auch als Sprechspiel gesprochen und klanglich gestaltet werden.

Die kleinen Forscher: Sonnenblumendetektive

Die Spielleitung spricht mit den Kindern:
„Angeregt durch dieses Rätsel können die kleinen Forscher aktiv werden. Sollte ein Sonnenblumenfeld in der Nähe sein, läd das natürlich zu einem Besuch ein. Dabei können alle Besonderheiten der Sonnenblumenpflanzen betrachtet werden: Farben, Größe, Höhe, Blütenanzahl pro Stiel, Stärke des Stiels, Blätter und Blattformen, Wurzeln … (Vorsicht: Bienen und Hummeln!) Ganz auffällig: In welche Richtung „schauen" die Sonnenblumen?
Besteht diese Möglichkeit nicht, könnt ihr Sonnenblumen, in einem Blumenladen gekauft, genauer ansehen und untersuchen:

- Wie sieht die Pflanze aus? Was ist das Besondere an einer Sonnenblumenblüte?
- Woher kommt wohl ihr Name?
- Welche Farben hat sie?
- Welche Form hat sie?
- Welche unterschiedlichen Blätter hat sie an und in der Blüte? Welche Form haben diese?
- Siehst du die Staubgefäße? Den Blütenstaub?
- Wie sieht der Stiel aus? Unter der Lupe? Wie fühlt sich der Stiel an?
- Welche Form haben die Blätter? Wie fühlen sie sich an?

Und, … und, … und …"

Vertiefungsangebote — Sommer

Rumpel, grumpel, Donnerschlag!
Sprechspiel/Klangimprovisation

Rum-pel, grum-pel, **Don**-ner-schlag,
die-ses Wet-ter **mag** ich.
Re-gen, Ha-gel, **Blitz** am Tag,
das ist un-be-**hag**-lich.

Donner: großen Kartonbogen schütteln

Rum-pel, grum-pel, **Don**-ner-schlag,
die-ses **Wet**-ter kenn ich.
Kommt der Sturm, den **ich** nicht mag,
gehts gleich los, ganz **schau**-rich.

Donner: s.o.
Wind: entweder mit den Fingerkuppen über das Fell der Handtrommel reiben oder die Stimme einsetzen: „Sch, … sch, … sch …"

Rum-pel, grum-pel, **Don**-ner-schlag,
die-ses Wet-ter **lieb** ich.
Kommt der Blitz am **hel**-len Tag,
„Witsch!", das ist ge-**fähr**-lich.

Donner: s.o.

Blitz: Schlag mit großem Becken.

Rum-pel, grum-pel, **Don**-ner-schlag,
ich hör Don-ner-**grol**-len.
Ich sitz hier am **sich**'ren Ort,
es kann mir nichts **wol**-len.

Donner: s.o.

Glöckchen schütteln

Rum-pel, grum-pel, **Don**-ner-schlag,
hör die Re-gen-**trop**-fen.
Erst ganz lei-se, **dann** auch laut,
an mein Fen-ster **klop**-fen.

Donner: s.o.
Regen: Mit den Fingerkuppen auf die Handtrommel trommeln.

Rum-pel, grum-pel, **Don**-ner-schlag
laut und im-mer **wie**-der,
fällt der Ha-gel **rund**-he-rum
auf die Er-de **nie**-der.

Donner: s.o

Hagel: Holzblocktrommel spielen

Rum-pel, grum-pel, **Don**-ner-schlag,
es ist bald vor-**ü**-ber,
bläst der Wind die **Wol**-ken fort,
scheint die Son-ne **wie**-der.

Donner: s.o.

Wind: s.o.
Sonne: Triangel oder Glockenspiel einsetzen.

Spielablauf
Die Spielleitung liest die Verse langsam vor und die Kinder können den Text:
- mit „körpereigenen Instrumenten" und Stimme (klatschen, patschen, trommeln, stampfen …) gestalten
- mit Orffinstrumenten (hier Handtrommel, Becken, Holzblocktrommel, Triangel, Glockenspiel, Glöckchen) begleiten
- mit wertlosem Material (Zeitungen, leeren Papiertüten, Holzstöckchen, leeren Bechern, Dosen, Steinen etc.) Wettergeräusche imitieren und den Vers begleiten.

Vertiefungsangebote   Sommer

Sommeraktivitäten im Freien
Körperbemalung mit Erdfarben

Die Spielleitung spricht mit den Kindern:
„Der Sommer ist die beste Jahreszeit, um einmal etwas ganz Besonderes auszuprobieren: Malt eure Körper mit Erdfarben an. Sicherlich habt ihr schon Fotos gesehen, auf denen Menschen abgebildet waren, die ihre Körper mit Farbe angemalt hatten. Genau das könnt ihr auch machen. Auf Seite 119 in diesem Buch steht, wie man diese Farben herstellen kann. Bevor die Mal-Aktion beginnt, müsst ihr gemeinsam genügend Farben herstellen und in Schraubgläsern bereitstellen, auch Borstenpinsel benötigt ihr dazu. Wählt für die Mal-Aktion einen warmen Tag aus, denn das Malen sollte im Freien stattfinden. Zieht dafür eure Badesachen an. Legt euch Handtücher bereit, mit denen ihr euch zum Schluss abtrocknen könnt. Sucht euch einen Partner, mit dem ihr euch abwechselnd bemalt. Beim Gesicht müsst ihr sehr gut aufpassen, damit keine Farbe in die Augen kommt. Hier nur sehr vorsichtig malen. Und dann geht es los, viel Spaß dabei!

Wenn ihr fertig seid, lasst die Farben auf eurem Körper gut trocknen, bevor ihr mit dem Malen bei eurem Partner beginnt. Vor dem Nachhausegehen werdet ihr euch die Bemalung leider wieder abwaschen müssen. Doch lasst euch vorher noch fotografieren! Mit einem Wasserschlauch könnt ihr euch gegenseitig die Farbbemalung abspritzen. Oder lauft unter dem aufgestellten Rasensprenger so lange hindurch, bis ihr wieder sauber seid. Die Fotos von eurem Maltag stellt in der Kindergartengalerie aus."

Wasserfest

Ein schöner, warmer Sommertag bietet sich für ein Wasserfest an. Daran kann jedes Kind in seiner Badekleidung teilnehmen. Dazu mit einfachen Mitteln verschiedene „Wasserstationen" aufbauen. Rasensprenger, Gartenschlauch, kleine Gießkannen, Eimer, Sandeimerchen, Plastikwannen, verschiedene Malerpinsel, Abdeckplane und ein oder mehrere Planschbecken werden dafür benötigt.

Station 1: Unter dem Rasensprenger hindurchlaufen.
Station 2: „Einpanieren", d.h. sich nass im Sandkasten rollen.
Station 3: Mit dem Gartenschlauch gegenseitig abspritzen (Achtung, Wasserstrahl nicht zu stark einstellen!)
Station 4: Mit nassen Malerpinseln gegenseitig einpinseln.
Station 5: Staffellauf/Wettspiel: Mit Sandeimerchen Wasser aus den Wannen schöpfen. Welche Wanne ist als erste leer?
Station 6: Auf den Rasen oder auf eine Plane legen und mit kleinen Gießkannen abgießen.
Station 7: Wasserrutsche: Wasser mit Wasserschlauch auf eine Rutschfläche leiten.
Station 8: mit Matsche einschmieren und abspritzen, abgießen, abpinseln ...

Und, ... und, ... und ...!

Herbst

Blindschleiche, Blindschleiche ...
Bewegungsspiel

Blindschleiche, Blindschleiche, ruht sich aus ...
Blindschleiche, Blindschleiche, kommt heraus ...,
Blindschleiche, Blindschleiche, kriecht herum ...
Blindschleiche, Blindschleiche, dreht sich wieder um ...
Blindschleiche, Blindschleiche, kriecht schnell weg,
kriecht schnell weg in ihr Versteck.

Spielablauf
Die Kinder spielen die Blindschleiche und suchen immer neue Verstecke im Raum. Die folgende Entspannungsgeschichte schließt sich an.

Die kleine Blindschleiche
Entspannungsgeschichte

Leg dich ganz entspannt auf deine Matte (weitere Vorbereitung s. „Die kleine Biene ruht sich aus, Seite 116).

Es ist ein wunderschöner warmer Herbsttag. Die kleine Blindschleiche war heute schon sehr früh von den warmen Sonnenstrahlen geweckt worden. In einer Felsspalte hatte sie die Nacht über geschlafen. Nachts und morgens war es jetzt schon empfindlich kalt und sie war froh, dass jetzt die Sonnenstrahlen da waren, die sie wieder aufwärmen konnten. Langsam und bedächtig schlängelte sie sich aus ihrem Versteck heraus und legte sich behaglich in die warme Sonne. Sie wusste, dass es nicht mehr lange dauern würde, bis sie sich lange in ihrem Winterversteck den kalten Winter über ausruhen würde. Doch daran wollte sie jetzt nicht denken. Ganz genüsslich streckte sie sich aus, legte sich ganz bequem und entspannt in die Sonne. Von Zeit zu Zeit drehte sie sich ein wenig, sodass alle Seiten ihres Körpers warm beschienen wurden. Sie schloss dabei ihre Augen, denn sie wollte gar nichts sehen. Ganz ruhig lag sie da. Ganz ruhig. Sie merkte, wie sie dabei sehr entspannt und ruhig atmete. Ein und aus, ein und aus, ein und aus. Sogar ihr Blindschleichenbauch bewegte sich dabei auf und ab, auf und ab, auf und ab. Die Sonne tat ihr so gut! Ganz schwer und entspannt lag sie da. Sie bemerkte, wie sie mit ihren Gedanken ins Traumland hinüberglitt. Und sie träumte einen wunderschönen Blindschleichentraum.
Sie träumte von einer Blumenelfe, die sie mit in das Land der Blumenelfen und Blumenwichtel nahm. Dort leuchteten und glitzerten die Blumen in wunderschönen Zauberfarben. Sie konnte sie mit ihren inneren Augen ganz genau sehen. Eine fröhliche Tanzmusik war zu hören. Das Feen- und Wichtelorchester spielte auf seinen Instrumenten! „Komm, lass uns dazu tanzen!", forderte sie die Blumenelfe auf. Und los ging es! Ausgelassen und fröhlich tanzten sie lange zur Musik. Durstig und hungrig geworden, beendeten sie nach einer Weile ihren Tanz und aßen von den köstlichen Speisen, die auf einer langen Tafel angerichtet waren. Auch gab es den besten Blütennektar, den man sich vorstellen konnte. Alles war einfach wunderschön! Aber auch im Blumenland geht ein Tag zu Ende. „Es wird Zeit, dich von uns zu verabschieden," sagte die kleine Blumenelfe zur Blindschleiche. „komm, ich bringe dich zum Traumlandtor zurück, damit du wieder in deine Welt gehen kannst." Die kleine Blindschleiche bedankte sich bei der Elfe, und gerade, als sie durch das Traumlandtor hindurchgegangen war, wachte sie aus ihrem Blindschleichentraum auf. Das war schön gewesen!
Die Sonne schien immer noch angenehm warm. Sie reckte und streckte sich, schlängelte mit ihrem Körper hin und her und verspürte großen Hunger. Sie hatte zwar vom Essen geträumt, aber eben leider nur geträumt! Schnell machte sie sich auf den Weg, um irgendwo ein gutes Frühstück zu finden.

Auch du kannst jetzt wieder wach werden, dich recken und strecken, tief ein- und ausatmen, mit deinen Füßen strampeln, deine Arme und Hände bewegen und, wenn du willst, eine Runde durch den Raum laufen. Dann komme wieder zurück an deinen Platz.

Vertiefungsangebote Herbst

Die Gänse auf Reisen
Sprechspiel

Die Gänse schnattern aufgeregt:
„Wann geht es endlich los?
Wann fliegen wir ins warme Land,
wie machen wir das bloß?"

Sie wollen nicht mehr selber fliegen,
nein, das ist vorbei.
Sie buchen sich ein Ticket
bei der GÄNSEFLIEGEREI.

Sie packen ihre Koffer,
nehmen mit die Sommersachen,
die Sonnenbrille, Sonnencreme
und alle Badesachen.

Bevor sie fliegen fressen sie
sich nochmals richtig satt.
Man weiß ja nie, was auf dem Flug
die GÄNSEAIRLINE hat.

Dann geht es los,
ojemine, das war noch niemals da,
ein Flieger voll mit Schnattergänsen,
was 'ne bunte Schar!

Und landen sie dann gut gelaunt
in ihrem Urlaubsland,
dann freun sie sich, vergessen schnell
den Schnee im Heimatland.

Und dann? Dann fahren die Gänse mit den Gänsebussen in ihre Hotels. Und dann?

Die Gänse machen Urlaub
Geschichte erfinden

Die Spielleitung fordert die Kinder auf:
„Nehmt diesen Vers zum Anlass, euch eine Geschichte dazu auszudenken, wie es mit den Gänsen in ihrem Urlaubsland weitergehen könnte, was die Gänse in ihrem Urlaubsland, in dem sie überwintern, machen. Das können ganz lustige Sachen sein.

Den Anfang der Geschichte kennt ihr ja schon. Jetzt geht es so weiter: Jeder von euch kann sich etwas dazu einfallen lassen. Hat ein Kind etwas gesagt, sagt er/sie zum Schluss: „Und dann?"
Nun ist das nächste Kind an der Reihe und denkt sich weiter etwas aus."

Tipp
Jemanden bitten, die Geschichten beim Erzählen aufzuschreiben.

Die Zauberfee und die Buche
Geschichte

Eine prächtige Buche strahlte mit ihren bunten Herbstblättern in der Sonne. Sie war groß und stark und hatte ihre einladenden Äste und Zweige weit von sich gestreckt. Da sie alleine mitten auf einer schönen Waldwiese stand, hatte sie genügend Platz und konnte sich nach allen Seiten auswachsen. Das war ein wunderschönes Gefühl für sie, sich so zu recken, zu strecken, den Wind in ihren Zweigen zu spüren und ihn mit ihren Blättern spielen zu lassen. Tief im Boden hielt sie sich mit ihren starken Wurzeln fest.

Täglich kamen Tiere zu ihr, die sich in ihrem Schatten ausruhten, in ihrem Schutz schliefen oder die sogar in ihren Ästen und Zweigen wohnten. Viele Vögel hatten ihre Nester dort gebaut, Eichhörnchen hatten ihren Kobel in einer starken Astgabel angebracht, Käfer krabbelten überall am Stamm, an den Ästen und Zweigen herum. Bienen, Hummeln, Wespen, Fliegen und Schmetterlinge ruhten sich im Schatten ihrer Blätter aus oder suchten Schutz, wenn sie der Regen überraschte, nachts kamen regelmäßig Wildschweine, Rehe und Hirsche vorbei. Häschen versteckten sich hinter dem dicken Stamm, wenn der Fuchs in der Nähe war. Es war ein reges Treiben, tagein, tagaus. Das ganz Besondere aber war: die große Buche verstand die Sprache der Tiere und konnte so mit allen reden.

So erfuhr sie auch alles, was die Tiere erfreute und natürlich auch, worüber sie sich Sorgen machten. Und in der letzten Zeit redeten die Tiere sehr oft von ihrer Angst vor dem kommenden Winter; Angst, nicht genügend Futter und keinen warmen Schlafplatz in der Winterkälte zu finden. Das hörte die Buche und es machte sie sehr traurig. „Wie kann ich ihnen nur helfen?" überlegte sie immer wieder. Doch sie hatte keine Idee. Traurig ließ sie ihre Äste und Zweige hängen. Auch der Glanz ihrer Blätter ließ etwas nach. Und das sahen nicht nur die Tiere. Auch eine kleine, junge Zauberfee, die in einem leeren Astloch ganz oben im Buchenstamm lebte, hatte es bemerkt. Sie nahm all ihren Mut zusammen und fragte den Baum: „Was ist los mit dir, große Buche? Du lässt so traurig deine Blätter hängen?" Und die Buche, froh, dass sie darauf angesprochen wurde, erzählte ihr ihre Sorgen.

„Wenn das alles ist, da kann ich dir helfen. Ich bin zwar noch eine kleine Zauberfee und muss noch sehr viel lernen. Aber ein wenig zaubern kann ich schon. Rufe alle Tiere herbei. Sie sollen sich heute Nacht unter dir versammeln. Dann werdet ihr sehen, was geschieht!"

Das ließ sich die Buche nicht zweimal sagen. Mit ihrer kräftigen, lauten Stimme rief sie die Tiere herbei, die sich auch bald unter ihr versammelten. Die kleine Zauberfee war auch schon da: „So, ihr lieben Tiere! Die Buche hat mir erzählt, was euch bedrückt. Ich kann euch helfen und euch eure Sorgen für diesen Winter nehmen. Ich werde jetzt meinen Zauberglitzerstaub aus meinem Feenzauberbeutel in den Buchenbaum hineinblasen. Alle Blätter, die der Zauberglitzerstaub berührt, verwandelt er in Zauberblätter. Ihr erkennt sie an ihren wunderschönen bunten und glitzernden Farben und an den ausgefallenen Mustern. Wenn sie zu Boden fallen, kann jeder von euch eines aufheben. Es kann euch euren Winterwunsch erfüllen. Achtung, es geht los!" Und tatsächlich, die kleine Zauberfee blies auf den Zauberglitzerstaub und der Wind wehte ihn über die Blätter des Baumes. Sogleich verwandelten sie sich in wunderschön glitzernde und in den prächtigsten Farben leuchtende Zauberblätter, verziert mit den schönsten Mustern, die man sich vorstellen konnte. Jedes Tier bückte sich schnell, hob ein Zauberblatt auf und hielt es ganz fest, während es dazu sogleich seinen Winterwunsch aussprach. Die Freude war bei allen riesengroß, denn jetzt konnte der Winter ruhig kommen!

„Das hast du sehr gut gemacht, kleine Zauberfee!", sagte die Buche zu ihr. "Habe vielen, vielen Dank!" Auch die Tiere bedankten sich bei ihr und es dauerte in dieser Nacht sehr lange, bis es auf der Waldwiese unter dem Buchenbaum ruhig wurde.

Am nächsten Tag strahlte auch die Buche wieder in der Sonne und sie hatte ihre Zweige, Blätter und Äste wieder stolz aufgerichtet.

Die schöne Kartoffel Isolde
Geschichte

Die Kartoffeln vom Bauern Paul lagen in einem kühlen, dunklen Vorratskeller. Vor wenigen Tagen waren sie auf dem Feld geerntet und gleich darauf in diesen Kartoffelkeller gebracht worden. Hier wurden sie jedes Jahr nach der Ernte eingelagert und warteten darauf, gekocht und gegessen zu werden. Obwohl es in dem Kartoffelkeller sehr dunkel war, konnten die Kartoffeln mit ihren besonderen und zahlreichen Kartoffelaugen sehr gut sehen. Und das war gut so, denn die Zeit ab der Ernte bis zu ihrer Verwendung im Kochtopf konnte sehr lang sein. Um es nicht allzu langweilig werden zu lassen, erzählten sie sich Geschichten, spielten Kullerspiele und Verstecken. Und jede Kartoffel träumte natürlich auch vom wichtigsten Kartoffeltraum, den es in einem Kartoffelleben geben konnte: „Für welche besondere Speise werde ich zubereitet?"

Jede Kartoffel wollte natürlich etwas ganz Besonderes werden. Einige wollten knusprige Bratkartoffeln, andere lange Pommes frites, wieder andere zu einer schmackhaften Kartoffelsuppe gekocht werden, manche zu knusprigen Kartoffelpuffern, edlem Kartoffelsalat oder feinem Kartoffelbrei. Ja, es gab sogar einen richtigen Wettstreit unter einigen Kartoffeln, wer z. B. für die schönste Speise, für das wohlschmeckendste Essen verwendet wurde. Sie hatten von Rezepten gehört, die sie sich nie in ihrem Kartoffelleben vorstellen konnten. Sehr köstlich und vorzüglich sollten diese sein. Jede von ihnen wollte in so einem Rezept ihre Geschmackserfüllung finden. Und – das wäre die Krönung – an einem Festtag serviert werden.

Am allerlautesten hörte man täglich die Kartoffel Isolde prahlen: „Ich bin eine ganz besondere Kartoffel. Ich bin schön und frisch und bin in der vorzüglichsten Erde gewachsen. Ich werde ganz sicherlich als die allerschönste Kartoffel für ein ganz ausgefallenes Essen an Weihnachten ausgewählt. Schaut nur meine Rundungen und meine glatte braune Haut an; keine Runzeln und keine einzige Falte ist zu sehen. Und meine Augen sind so makellos in meinen Kartoffelkörper eingebettet, dass jede von euch nur davon träumen kann. Ich bin festkochend und nicht so mehlig weich wie einige von euch. Ihr werdet es sehen. Ich werde bestimmt vom Chefkoch für ein besonders delikates Gericht am Weihnachtsfeiertag ausgesucht und von ihm persönlich zubereitet. Ich bin nämlich etwas ganz Besonderes!" Und um für dieses besondere Festmahl an Weihnachten noch da zu sein, rollte sie sich schnell in die hinterste Ecke des Kellers.

„So eine Angeberin!", empörte sich die Kartoffel Linda. „Die soll froh sein, wenn sie überhaupt für etwas genommen wird und nicht in ihrer Ecke verrunzelt! Ich bin nämlich die schönste und wohlgeformteste Kartoffel im ganzen Keller. Ich möchte aber nicht gegessen werden. Nein, ich möchte bleiben und zu den Saatkartoffeln im Frühjahr gehören. Ich möchte in der Erde eine neue Kartoffelfamilie gründen. Das ist mein Kartoffeltraum!" Und auch Linda rollte sich schnell in eine Ecke, um nicht aus Versehen im Kochtopf zu landen.

„Ich liebe Tiere! Ich möchte als Futterkartoffel für die Schweine gekocht werden," rief da Liberata. „Da ist es mir ganz egal, wie ich aussehe." Und sie rollte sich weit nach vorne, damit sie gleich gesehen werden konnte.

So und ähnlich konnte man die Kartoffeln im Keller reden hören. Mit der Zeit wurden es immer weniger. Beinahe täglich wurden einige von ihnen geholt, um daraus ein Essen zu kochen. Isolde aber rollte sich immer wieder in die hinterste Kellerecke und wartete auf ihre ganz besondere Verwendung. „Wo bleibt denn nur der Chefkoch? Wann ist denn endlich Weihnachten?", überlegte sie angestrengt. „Mein Kartoffelhintern tut mir langsam weh vom vielen Liegen! Hallo, hört mich denn keiner?" Und sie wartete weiter in ihrer dunklen Ecke.

Irgendwann, es muss schon im Frühling gewesen sein, hörte man in der hintersten Kellerecke eine schwache Stimme rufen: „Hier bin ich, hier bin ich! Ich bin die Isolde! Vergesst mich nicht! Ich bin die schönste Kartoffel im ganzen Keller!"

Doch was glaubt ihr, was passiert war? Richtig, zu lange hatte Isolde in der Kellerecke gelegen. Total verrunzelt und eingeschrumpelt fand sie der Bauer beim Ausfegen des Kellers und hat sie dann ... auf den Misthaufen geworfen!

Vertiefungsangebote — Herbst

In meinem kleinen Apfel 🎵
Lied

Text volkstümlich
Melodie nach W. A. Mozart

In meinem kleinen Apfel,
da sieht es lustig aus:
Es sind darin fünf Stübchen,
grad wie in einem Haus.

In jedem Stübchen wohnen
zwei Kernchen schwarz und fein.
Sie liegen drin und träumen
vom lieben Sonnenschein.

Sie träumen auch noch weiter
gar einen schönen Traum,
wie sie einst werden hängen
am schönen Weihnachtsbaum.

Die kleinen Forscher: Äpfeldetektive 🔍

Die Spielleitung besorgt viele Äpfel von verschiedenen Apfelsorten. Vielleicht besteht auch die Möglichkeit, bei einem Spaziergang Äpfel von einem Apfelbaum zu pflücken? Die Spielleitung fordert die Kinder auf:
„Schaut euch die Äpfel genau an:

- Was ist das Besondere an einem Apfel? Wie würdet ihr ihn beschreiben?
- Welche Form hat ein Apfel? Haben alle die gleiche Form?
- Wodurch unterscheiden sich die einzelnen Äpfel voneinander?
- Was ist bei allen Äpfeln gleich?
- Wie viele verschiedene Farben könnt ihr auf den Apfelschalen entdecken?
- Wie schwer ist ein kleiner (großer) Apfel?
- Wie fühlt sich die Schale an?
- Wie lang ist die geschälte Schale von einem Apfel?
- Wie sieht der Apfel von innen aus, wenn ihr ihn der Länge nach aufschneidet? (... wenn ihr ihn quer aufschneidet?
- Könnt ihr die „fünf Stübchen" mit den Kernchen sehen?
- Wie viele Apfelkerne findet ihr in jedem Apfel?
- Wie riecht ein aufgeschnittener Apfel?
- Wie schmecken die Äpfel? Wie schmeckt die Apfelschale? Wie schmeckt der Apfel, wenn ihr ihn auf einer Apfelreibe reibt? Ihn kocht? Oder im Ofen backt?

Ganz sicher entdeckt ihr noch viel mehr!"

Vertiefungsangebote Herbst

Erntezeit
Bodenmandala gestalten

In der Herbstzeit bietet es ich an, in der Kita in einer etwas ungewöhnlichen Form das Erntedankfest zu feiern. Und zwar in Form eines großen Bodenmandalas, an dessen Herstellung sich alle Kinder mit ihren Familien beteiligen können.

Die Spielleitung erzählt den Kindern: „ Auf den Feldern und in den Gärten reifen im Herbst die Früchte heran und werden geerntet. Sowohl die Tiere als auch die Menschen legen ihre Vorräte für den Winter an. Im Winter ruht sich die Natur aus. In dieser Zeit wächst nichts heran. Es ist für die Tiere, die hier bei uns aktiv überwintern, nur schwer möglich, genügend Nahrung in der Natur zu finden.
Habt ihr schon einmal beobachtet, wie sich die Tiere auf den Winter vorbereiten? Sie machen das ganz unterschiedlich, je nachdem ob sie in den Winterschlaf, die Winterruhe oder die Winterstarre verfallen. Manche Tiere, wie z.B. das Eichhörnchen vergraben Nüsse im Boden, die sie dann im Winter wieder ausgraben. Andere Tiere, wie z.B. die Bären, die in den Winterschlaf fallen, fressen vorher so viel, dass sie von dieser angefressenen Speckschicht in ihrem Winterschlaf leben können. Wieder andere Tiere brauchen für diese Zeit keine Fressvorräte, da ihr Körper in der Winterstarre kaum extra Energie zum Leben benötigt.
Die Menschen müssen für die Winterzeit vorsorgen. Die geernteten Kartoffel, Äpfel und Birnen werden in einem kühlen Keller eingelagert. Das Getreide wird in Silos und auf Speichern aufbewahrt. Gemüse und Nüsse werden eingelagert, eingekocht oder eingefroren. Säfte, Marmeladen und Gelees werden gekocht, Kräuter und Pilze getrocknet, Wein gekeltert ...
Aus diesem Anlass und aus Freude über eine gute Ernte feiern die Menschen das Erntedankfest. Dieses Feiern kann auf ganz unterschiedliche Art und Weise geschehen. Einer der bekanntesten Bräuche ist die symbolische Errichtung eines Gabentisches in der Kirche - an dem Ort, an dem dem Schöpfergott dafür gedankt wird.
Aus geernteten Früchten, Nüssen, Blättern, Zweigen, Steinen etc. legt ihr in einem großen Raum, am besten im Turnraum oder sogar in der Eingangshalle, auf dem Fußboden, ein großes Bodenmandala."

Das Legen dieses Mandalas kann sich über einige Tage erstrecken. Es wird ein Zeitrahmen dafür vereinbart. In diesem Zeitfenster können die Eltern und Kinder das Mandala mit ihren Erntedankgaben gestalten. Auch bei einem gemeinsamen Spaziergang könnt ihr dafür Gegenstände und Früchte sammeln. Jeder kann seine Gaben in das bereits bestehende Mandala einbauen und es dadurch immer wieder verändern. Das Mandala wächst so von Tag zu Tag."

Erst nach Ablauf der vereinbarten Zeitspanne wird das endgültige Mandala gemeinsam betrachtet, mit Herbstliedern „besungen" und in einer gemeinsamen Erntedankfeier mit den Eltern gewürdigt.

Vertiefungsangebote — Herbst

Die kleinen Forscher: Kastaniendetektive
Rhythmisches Sprechspiel

Im Vorfeld bei einem oder mehreren Spaziergängen Nüsse, Eicheln, Bucheckern und Kastanien oder andere Samen sammeln. Die Früchte auf ihre Besonderheiten hin untersuchen.

Ha-sel-nüs-se, **Ha**-sel-nüs-se **rol**-len hin und **her**,	*Haselnüsse in der Trommel oder einer runden Blechdose rollen lassen.*
Wal-nüs-se, **Wal**-nüs-se, **die** sind dick und **schwer**,	*Walnüsse im Rhythmus aneinander klopfen.*
Ei-cheln, **Ei**-cheln, **mit** dem **Mütz**-chen **auf**,	*Eicheln in einer Dose rhythmisch schütteln.*
Ka-sta-nien, **Ka**-sta-nien, die **nehm** ich mit nach **Haus'**.	*Mit Kastanien beidhändig auf Tisch, Stuhl, Boden o. Ä. klopfen.*
Und den klei-nen **Kie**-fern-zap-fen, **kitz**-lig, rund und **klein**, **halt** ich fest um-**schlos**-sen mit den **Hän**-den, das ist **fein**.	

Spielablauf
Die Kindern sprechen den Vers und klatschen rhythmisch dazu oder übertragen den Klatschrhythmus auf Nüsse/Früchte und Instrumente.

Tastsäckchen und Geräuschdosen
Hören, Tasten, Sehen

Tastsäckchen...
... genäht aus Stoffresten, mit trockenen Blättern, Eicheln, Haselnüssen in der Schale, Haselnusskernen, Bucheckern, Sonnenblumenkernen mit und ohne Schale, Walnüssen in der Schale, halben Walnussschalen, Walnusskernen, Apfelkernen, Getreidekörnern, Bohnen, Erbsen, Kastanien, Hüllen von Kastanien, Kiefernzapfen füllen. Wer kann erfühlen, was sich in jedem Säckchen befindet?

Geräuschdosen
Leere Tabak-, Bonbon- oder Cremedosen jeweils paarweise mit der gleichen Anzahl von Samen, Nüssen und Körnern füllen. Wer kann durch den Klang heraushören, um welche Samen es sich handelt? Jeder kann versuchen, durch das Schütteln der Dose die gleichen Dosenpaare herauszufinden.

Kastanienfiguren
Kreatives Schaffen

Jedes Kind erhält eine Schüssel mit zuvor gemeinsam gesammelten Kastanien. Damit kann es auf dem Boden des Turn- oder Bewegungsraumes Linien, Muster und Figuren legen. In einer Gemeinschaftsarbeit können auch mehrere Kindern gleichzeitig ein Bild/Figur legen.

Die kleine Nebelhexe Wallorina
Geschichte

Immer im Herbst, wenn die Tage kühler werden, haben die Nebelhexen viel zu tun. Im Sommer hatten sie Urlaub, waren zur Fortbildung in den Hexenschulen oder haben neue Zaubersprüche ausprobiert. Die Nebelhexe Wallorina, von der ich jetzt erzählen möchte, gehörte noch nicht zu den erfahrenen Nebelhexen. Sie war erst 103 Jahre alt, was für eine Hexe noch sehr, sehr jung ist. Natürlich ging sie schon in die Hexenschule und hatte auch schon sehr viel gelernt. Mit den erwachsenen Nebelhexen konnte sie aber noch nicht mithalten. Dafür reichte ihr Können bisher noch nicht aus.

Bei den Nebelhexen war es Brauch, dass zu Beginn der Herbstzeit, bevor die Arbeit richtig los ging, alle Hexen ihr Können zeigen mussten. Jeder kleine Nebelzauberspruch musste gut funktionieren. Wer diese Prüfung jedoch nicht bestand, der musste ein weiteres Jahr warten, bis er zum Nebelhexen zugelassen wurde.

Die kleine Nebelhexe Wallorina war sehr, sehr aufgeregt, je näher dieser Prüfungstag kam. Sie hatte ganz neue Nebelzaubersprüche erfunden und sie gut geübt. Immer frühmorgens, wenn alle noch schliefen, hatte sie sie ausprobiert. Und das Schöne daran war, es hatte funktioniert! Sie wusste aber auch, dass alle anderen Nebelhexen auch viel für diese Nebelprüfung getan hatten. Sie hatte sogar von Nebelhexen gehört, die in den Sommerferien in ganz speziellen Nebelhexen-Sommercamps gewesen waren. Aber trotz der Aufregung vertraute sie auf ihr Können und wartete auf den Prüfungstag.

Dann war es endlich soweit. Mit „Jetzt kommt die kleine Hexe Wallorina und zeigt ihre Hexenzauberkünste!", wurde sie von der Hexenzauberprüferin angekündigt. „Sie zeigt uns heute, ..." und da musste sie unterbrechen und nochmals auf ihren Ankündigungs-Zettel schauen. Verwirrt und hilfesuchend sah sie die kleine Hexe an. „Lese ich das richtig? Nebelwand? Nebelkerze? Nebelloch und Nebelsuppe? Was ist das denn?" „Ja", sagte die kleine Hexe Wallorina, „du hast richtig gelesen. Ich habe mir für heute etwas ganz Besonderes ausgedacht und dafür sogar neue Hexenzaubersprüche erfunden. Ich dachte mir, dass das Hexen von ganz gewöhnlichem Nebel nichts Besonderes ist. Also hexe ich heute sehr spezielle Nebelbilder, die die Menschen alle kennen und von denen sie immer wieder reden, sogar in ihren Nachrichten. Also, zuerst hexe ich die Nebelwand:

„Wirrle, warrle, Hexenbein, zwirrle, zwarrle, Krötenschleim,
birrle, barrle, Rabenkuss, mirrle, marrle, Zaubernuss!
Hexekokofidirand, ich hexe eine Nebelwand!

Und es erschien vor den Augen aller Hexen ein wunderschöne, ganz undurchsichtige Nebelwand. „Ooooh!", hörte man die Hexen erstaunt ausrufen. „Phantastisch!" Die kleine Hexe sprach: „Es geht weiter mit der Nebelkerze:

„Wirrle, warrle, Hexenbein, zwirrle .....(s.o)
...Hexekokofiditerze, ich hexe eine Nebelkerze!"

„Unglaublich!", hörte man die Prüfungshexe ausrufen. „Cool!" riefen die jungen Hexen. „Achtung, jetzt kommt das Nebelloch!" rief die kleine Hexe:

„Wirrle, warrle, Hexenbein, zwirrle ...(s.o)
...Hexekokofiditroch, ich hexe jetzt ein Nebelloch!"

„Ganz außergewöhnlich!" „Bombastisch!" „Unvorstellbar!" Die Hexen waren sprachlos! „Zum Schluss die Nebelsuppe!", sagte die kleine Hexe

„Wirrle, warrle, Hexenbein, zwirrle ...(s.o)
...Hexekokofiditucke, ich hexe eine Nebelsuppe!"

Jetzt gab es vor Begeisterung kein Halten mehr. Die Hexen applaudierten, kreischten, pfiffen und johlten. Und ihr könnt euch sicherlich vorstellen, was daraufhin mit der kleinen Hexe Wallorina geschah? Ganz richtig! Sie hatte die Prüfung mit Auszeichnung bestanden und durfte ab jetzt mit den großen Nebelhexen die Nebel hexen.

Wirrle, warrle, Hexenbein ...
Hexenzaubersprüche erfinden

Die Spielleitung regt die Kinder dazu an, sich eigene Zaubersprüche auszudenken.

Vertiefungsangebote Herbst

Der bunte Drache Augustin
Bewegungsspiel mit körpereigenen Instrumenten und Orffinstrumenten

Der **bun**-te Dra-chen **Au**-gu-stin will **in** die Lüf-te **flie**-gen, will **hoch** hi-naus, will **schnell** weit fort, sich **in** der Son-ne **wie**-gen.	*klatschen*
Er **fliegt** sehr lu-stig **hin** und her und **manch**-mal auch im **Krei**-se, er **steigt** steil auf und **wac**-kelt sehr auf **sei**-ner Dra-chen-**rei**-se.	*Auf die Oberschenkel patschen.*
Die **Ra**-ben kräch-zen: „**Ei**, der Daus, was **ist** das für ein **Vo**-gel?" Mit **bun**-tem Schwanz und **bun**-tem Bauch, je-**doch** wo ist der **Schna**-bel?"	*Im Sitzen mit den Füßen stampfen.*
Doch **bläst** der Wind mal **rich**-tig fest, die **Ra**-ben sind er-**schreckt**. Der **Au**-gu-stin ruft **laut** und frech: „Schaut **her**, was in mir **steckt**!"	*Füße trampeln schnell.*
Und **hat** er sich dann **aus**-ge-tobt, wird **er** auf ein-mal **mü**-de. Dann **glei**-tet er ganz **sanft** he-rab und **lan**-det auf der **Wie**-se.	*Hände reiben.*

Spielablauf
Die Spielleitung teilt die Kinder in zwei Gruppen ein: eine Sprechgruppe und eine Bewegungsgruppe. Beide Gruppen können entweder parallel oder nacheinander in Aktion treten. Die Sprechgruppe spricht den Text und begleitet ihn mit rhythmischem Klatschen, Patschen, Stampfen im Sitzen, schnellem Trampeln, Hände reiben. Die Bewegungsgruppe spielt das Geschehen im Raum.

Variante für geübte Kinder
Eine Instrumentengruppe bilden. Die Kinder spielen dabei frei auf den Stabspielen/Klangbausteinen und stellen musikalisch-dynamisch den Drachenflug dar. Dies kann wieder parallel mit dem Text geschehen oder im Wechsel von Sprache und Musik.

Halloween-Späße
Bewegungsspiel

Geister poltern, grumpeln, rumpeln
fürchterlich im Haus herum!
Will ich sie dann sehn, oh Schreck,
sind sie plötzlich alle weg!

Geister in Aktion: Bewegung und Stimme

Alle verstecken sich.

Hexen pfeifen, kreischen, quietschen
fürchterlich im Haus herum!
Will ich sie dann sehn, oh Schreck,
sind sie plötzlich alle weg!

Hexen in Aktion

Alle verstecken sich.

Monster brüllen, fauchen, knurren
fürchterlich im Haus herum!
Will ich sie dann sehn, oh Schreck,
sind sie plötzlich alle weg!

Monster in Aktion

Alle verstecken sich.

Gespenster heulen, johlen, zischen
fürchterlich im Haus herum!
Will ich sie dann sehn, oh Schreck,
sind sie plötzlich alle weg!

Gespenster in Aktion

Alle verstecken sich.

Und weil ich bis heutzutage
niemals eins von ihnen sah,
komme ich heute cool verkleidet,
bin als Hexgeimonstges da.

Alle Kinder hüpfen, springen, tanzen im Raum herum.

Spielablauf
Entweder spielen alle Kinder nacheinander alle vier Rollen oder die Kinder ordnen sich den entsprechenden Gruppen zu und spielen erst dann ihre Rollen, wenn sie an der Reihe sind. Am Ende Rollenwechsel.

Hinweise
→ Genügend Zeit für Bewegung lassen, bevor die Geister, Hexen usw. verschwinden.
→ Das Spiel kann sehr wild werden, Regeln absprechen!

Kürbislaterne
Kreatives Gestalten

Die Spielleitung bespricht mit den Kindern:
„Aus einem großen Gemüsekürbis können wir heute gemeinsam eine Kürbislaterne aushöhlen. Dazu benötigt ihr unterschiedlich große Messer und einen Esslöffel.
Bevor ihr mit dem Aushöhlen beginnt, malt ihr ein großes Kürbismonster-Gesicht auf Papier auf. Mit einem Filzstift werden die Augen, die Nasenlöcher und der Mund von der Zeichnung auf den Kürbis übertragen. Dann beginnt ihr mit dem Aushöhlen.

Als erstes wird der Deckel mit einem scharfen Messer abgeschnitten. Danach kann vorsichtig das Fruchtfleisch mit den Kürbiskernen herausgeholt werden. Die Kürbiswand sollte nicht allzu dick sein, da der Kürbis dadurch schneller faulen kann. Erst am Ende werden die Öffnungen für Augen, Nase und Mund herausgeschnitten."
In den ausgehöhlten Kürbis Teelichter stellen und in der Dunkelheit anzünden. Und schon kann er alle erschrecken. Huuuuuh!

Vertiefungsangebote Herbst

Laternentanz
Tanzlied im Kreis

traditionell

A	Ich geh mit mei-ner La-ter-ne und mei-ne La-ter-ne mit mir.	*Die Kinder gehen mit ihren Laternen mit acht Schritten in Kreisrichtung.*
B	Da ob-en leuch-ten die Ster-ne,	*Die Kinder gehen mit vier Schritten in Kreismitte, dabei die Laternen hoch halten.*
	da un-ten leu-ch-ten wir.	*Die Kinder gehen mit vier Schritten zurück, die Laternen tief halten.*
C	La-ter-nen-licht, ver-lösch mir nicht,	*Die Kinder stehen auf der Kreislinie, Laternen langsam von links nach rechts schwenken.*
D	ra-bim-mel, ra-bam-mel, ra-bum!	*Die Laternen ruhig halten, mit den Füßen rhythmisch auf den Boden stampfen.*
A	Ich geh mit mei-ner La-ter-ne und mei-ne La-ter-ne mit mir.	*(s.o.)*
B	Da ob-en leuch-ten die Ster-ne,	*(s.o.)*
	da un-ten leu-ch-ten wir.	*(s.o.)*
E	Der Hahn, der kräht, die Katz' miaut,	*langsam in vier Schritten um die eigene Achse drehen (s.o.)*
D	ra-bim-mel, ra-bam-mel, ra-bum!	*(s.o.)*
A	Ich geh mit mei-ner La-ter-ne und mei-ne La-ter-ne mit mir.	*(s.o.)*
B	Da ob-en leuch-ten die Ster-ne,	*(s.o.)*
	da un-ten leu-ch-ten wir.	*(s.o.)*
F	Mein Licht ist aus, ich geh nach Haus,	*Kind 1 (wird vorher benannt) geht, gefolgt von allen Kindern, aus dem Raum.*
F	ra-bim-mel, ra-bam-mel, ra-bum!	

Spielablauf
Die einfache Tanzform bleibt bei allen drei Strophen gleich.

Winter

Vögel am Futterhaus
Sprechvers und Spiel

Ge-**zwit**-scher, Ge-**zwat**-scher an **un**-serm Vo-gel-**haus**,
Ge-**zwit**-scher, Ge-**zwat**-scher, das **hal**-te ich nicht **aus**!

Alle Vogelkinder sprechen am Futterhaus diesen Vers.

Ge-**zin**-ke, Ge-**zan**-ke um **je**-den klei-nen **Kern**!
Ge-**zin**-ke, Ge-**zan**-ke, ich **will** es nicht mehr **hörn**!

Die **Ket**-ze, die **Kat**-ze, sie **schleicht** sich he-**ran**,
Die **Ket**-ze, die **Kat**-ze, sie **springt** jetzt! Und **dann**?

leiser und langsamer sprechen
Beckenschlag

Spielablauf

Ein Kind, das möchte, spielt die Katze, die übrigen Kinder sind die Vögel. Die Vogelkinder sitzen um das Futter versammelt. Die Katze schleicht sich an und springt (Signal Beckenschlag) und versucht dabei einen der fliehenden Vögel zu fangen.

Wichtig: zuvor einen sicheren Platz für fliehende Vögel festlegen! Alle gefangenen Vögel werden zu Katzen usw.

Fantasievögel
Kreatives Malen

Die Spielleitung fordert die Kinder auf:
„Nachdem ihr euch verschiedene Fotos von Vögeln angesehen habt, könnt ihr auf weißem Zeichenpapier mit Filzstiften eure Fantasievögel malen. Diese Vögel können ganz anderes aussehen, als die, die ihr auf den Fotos gesehen habt. Sie können auch viel größer sein, als Vögel, die ihr kennt. Mit den Filzstiften malt ihr das Gefieder der Vögel bunt und fantasievoll an. Die Vögel können gerade irgendwo sitzen oder in der Luft fliegen, sie können kurze oder lange Schwanzfedern haben, kleine oder große Schnäbel. Stellt euch vor, wie euer Vogel aussehen könnte und malt ihn auf ..."

Tipp
Nach Wahl können die aufgemalten Vögel ausgeschnitten und auf ein großes Poster um eine gemalte Futterstelle oder um ein gemaltes Futterhaus herumgeklebt werden.

Vertiefungsangebote — Winter

Tiere im Winter
Sprech- und Spielvers

1. „Kommt, geht mit", sagt das Schaf,
   „ich will nichts versäumen.
   Ich will in den weißen Schnee,
   will nicht nur davon träumen!"

2. „Nein, nein, nein", ruft das Schwein,
   „das kannst du jetzt vergessen.
   Alles ist doch zugeschneit,
   wo kann ich da was fressen?"

3. „Was ist zu tun?", fragt das Huhn
   und gackert noch dreimal.
   „Wo sind Kopf- und Flügelwärmer,
   Stulpen, Strümpfe, Schal?"

4. „Dann mal ran", kräht der Hahn,
   „ich muss ja nicht fliegen.
   Ich zieh mir dicke Socken an,
   werd warme Füße kriegen!"

5. „Immerzu", brüllt die Kuh,
   „endlich mal was los!
   Ich will raus zur Schneeballschlacht.
   Mann, das wird grandios!"

6. „Halt den Mund", bellt der Hund,
   „ich muss erst einkaufen.
   Ich brauch dicke Winterstiefel,
   um im Schnee zu laufen!"

7. „Nicht verkehrt!", sagt das Pferd,
   „Ich werde nicht verzagen!
   Mit dicker Decke, Ohrenwärmer,
   Strick-Schweif-Schal und Hufenstulpen
   kann ich es ja wagen!"

Und sie stecken ihre Nasen
so ein ganz klein wenig raus!
Uuuuuuh, wie bläst der Winterwind!! *(Windgeräusche mit Handtrommel - Reiben über das Fell)*
Eisig kalt!!!!
Schneegestöber!!!!!! *(Improvisation auf dem Glockenspiel)*
Tür schnell zu!!!!!!!!!! *(Paukenschlag)*
„Nein, wir bleiben drin im warmen Haus!" *(alle Tiere sprechen gemeinsam)*

Spielablauf
Die Spielleitung liest den Text vor und die Kinder spielen pantomimisch die Handlung.

Variante für ältere Kinder
Ein oder mehrere Kind(er) spielen die entsprechenden Tiergruppen und sprechen ihren Text im Wechsel mit dem Vorleser. Die „Windkinder" spielen auf Handtrommeln, die „Schneeflockenkinder" auf dem Glockenspiel, das „Türkind" schlägt mit einem Paukenschlag akustisch die Tür zu.

Winter auf dem Bauernhof
Fantasiegeschichte ausdenken

Die Spielleitung fragt die Kinder:
„Was meint ihr, was auf dem Bauernhof geschieht, nachdem die Tiere die Tür schnell zugezogen haben? Könnt ihr dazu gemeinsam eine „Und-dann-Geschichte" ausdenken und sie gleich aufschreiben lassen? Das können ganz lustige Dinge sein. Ihr könnt euch alles dazu vorstellen!

Den Anfang der Geschichte kennt ihr ja schon. Jetzt geht es der Reihe nach weiter: Jeder von euch kann sich etwas Neues dazu einfallen lassen. Hat er/sie es gesagt und ist damit fertig, fragt er/sie „Und dann?" Dann ist das nächste Kind an der Reihe und denkt sich auch etwas aus."

Die Schwäne Rosalinde und Oskar

Geschichte mit Körperübungen

Es war Winter. In den vergangenen Tagen hatte es viel geschneit. Der Schnee hatte alles in eine dicke weiße Decke eingepackt. Dazu war es noch sehr kalt geworden, sodass die Sonne, obwohl sie warm schien, nicht die Kraft hatte, den Schnee wegzutauen. Auf dem See hatte sich eine dicke Eisdecke gebildet. So dick, dass sogar die Menschen bedenkenlos darüber gehen konnten. Die Kinder freuten sich sehr darüber. Endlich konnten sie auf dem Eis Schlittschuhlaufen gehen oder Hockey spielen.

Es gab aber eine seichte Stelle am See, an dem auch im Winter zwei Quellen sprudelten, sodass der See hier nicht ganz zufror. An dieser Stelle lebten jetzt Rosalinde, die Schwanenfrau und ihr Schwanenmann Oskar. Im Sommer gehörte ihnen der ganze See. Aber jetzt im Winter war das anders. Sie könnten zwar über den zugefrorenen See laufen, doch das wollten sie nicht. Sie brauchten offenes Wasser zum Gründeln und zur Futtersuche.

In diesem Jahr hatten sie beschlossen, den langen und beschwerlichen Weg in den warmen Süden nicht anzutreten. Sie wollten an ihrem See bleiben und den Winter hier verbringen. Schließlich kannten sie sich hier aus. Sie kannten auch die Menschen, die in der Nähe wohnten, die sehr freundlich zu ihnen waren und die ihnen auch ab und zu Futter brachten. Doch dass der Winter so kalt werden würde, damit hatten sie nicht gerechnet. Sie hatten schon ihre extra warmen Winterdaunen angezogen. Zusätzlich plusterten sie ihr gesamtes Federkleid noch auf, sodass es schöne warme Luftpolster zwischen den Federn gab. An den Füßen und an den Beinen konnten sie Kälte vertragen. Das machte ihnen überhaupt nichts aus. Trotzdem, manchmal war es schon empfindlich kalt.

„Oskar, komm, wir müssen etwas tun, damit es uns wärmer wird", sagte Rosalinde zu ihrem Schwanenmann. „Wir müssen uns mehr bewegen, damit es uns nicht so kalt ist!" Und so kam es, dass sie sich beide ein tägliches Aufwärmtraining ausdachten, bei dem es ihnen unter den dicken Daunenfedern sehr warm wurde.

Es begann mit den Wasserübungen:
- Vier Runden im offenen Wasser schwimmen und dabei mit den Füßen paddeln.
- Sich vier Runden auf dem Wasser treiben lassen.
- Viermal ins Wasser tauchen und dabei den Schwanenpopo in die Luft strecken.
- Viermal die Schwanenhälse abwechselnd hoch zum Himmel und nieder zum Wasser strecken.

Dann folgten die Übungen auf dem Eis:
- Langsam aus dem Wasser steigen.
- Gründlich das Wasser abschütteln.
- Viermal die Flügel auf und ab schwingen.
- Viermal mit dem Popo und den Schwanzfedern hin und her wackeln.
- Viermal am Eisrand hin und her laufen.
- Vier hohe Hüpfer auf der Stelle hüpfen.
- Viermal von einem Fuß auf den anderen springen.
- Nacheinander die Beine ausschütteln.
- Beide Flügel ausschütteln.
- Sich in die Sonne setzen und von vorne bescheinen und erwärmen lassen.
- Umdrehen und sich von hinten bescheinen und erwärmen lassen.
- Eng nebeneinander kuscheln und ausruhen!

Es dauert zwar eine ganze Weile, bis sie auch keine der Übungen mehr vergessen hatten. Doch es wurde ihnen davon angenehm warm und es machte viel, viel Spaß.

Und stellt euch vor, was noch geschah: Die Menschen, die am See wohnten, merkten sehr bald, was die beiden Schwäne da tagtäglich machten. Jeden Tag kamen jetzt Zuschauer, um das Schwänespektakel zu sehen. Sie brachten ihnen gutes Grünfutter mit und, ihr werdet es kaum glauben, auch eine Hundehütte! Groß genug für beide und ausgepolstert mit Stroh! Der Winter konnte doch sehr schön sein!

Könnt ihr das auch, was die beiden Schwäne gemacht haben? Fangt gleich damit an und denkt euch noch neue Übungen dazu aus!

Vertiefungsangebote   Winter

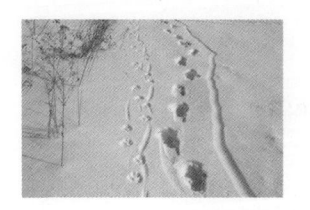

A, B, C, ...
Spiel- und Bewegungslied

traditionell

A, B, C,
die Katze lief im Schnee.
Und als sie wieder raus kam,
da hat sie weiße Stiefel an.
Oje, oje,
die Katze lief im Schnee.

Spielablauf
Die Kinder spielen das Lied entsprechend des Textes. Um verschiedene Bewegungen der Katze zu imitieren, wird der Vers entsprechend abgewandelt: (... die Katze sitzt, liegt, schleicht, hüpft, springt, rennt im Schnee...)

Die kleinen Forscher: Spurendetektive

Die Spielleitung bespricht mit den Kindern: „Heute Nacht hat es frisch geschneit. Wir können gemeinsam im Schnee ausprobieren, welche Spuren ihr oder andere dort hinterlasst:
- Womit könnt ihr Spuren im Schnee erzeugen?
- Könnt ihr Spuren im Schnee erkennen?
- Wer hat sie hinterlassen?

Bei einem Spaziergang über verschneite Wiesen, am Feld- und Waldrand, in der Nähe von Gewässern sind im Schnee unzählige Tierspuren zu entdecken. Schaut sie an, malt sie auf oder fotografiert sie. Holt euch dazu Informationen aus Büchern und aus dem Internet und vergleicht sie mit euren Zeichnungen und Fotos."

Spuren auf Papier
Kreatives Malen

Die Spielleitung fordert die Kinder auf: „Probiert mit verschiedenen Stiften, Kreiden und Farben aus, welche Spuren ihr damit auf Papier hinterlassen könnt. Nehmt dazu Rollen von Tapeten-Untergrundpapier, dass ihr in Bahnen von jeweils 3–5 Metern Länge auf dem abgedeckten Fußboden, am Rand mit Klebeband befestigt, angebracht habt. Jetzt könnt ihr auf diesem Papier Spuren hinterlassen. Diese Spuren können:
- lang, kurz, gerade, wellig, zackig, dick, dünn sein
- parallel zueinander oder weit auseinander liegen, sich überkreuzen, am Rand entlang verlaufen, in der gleichen Richtung verlaufen oder die Richtung wechseln
- von verschiedenen Stiften, Pinseln, Stöcken, Fingern, Händen, Füßen oder anderen Materialien stammen
- gemalt, gedruckt und gestempelt sein
- aus verschiedenen Farben (Buntstiften, Bleistiften, Filzstiften, verschiedenen Kreiden, Wasserfarben, Gouache-Farben, Fingerfarben, Kohle, Erdfarben) sein

Lasst dazu die Stifte, Pinsel, Hände und Füße über das Papier laufen oder hüpfen, macht Abdrücke, stempelt, rollt..."

Tipp
Die fertigen Spurengemälde mit Klemm-Kleiderbügeln z. B. an die Wände des Turnraums aufhängen. Fertig ist eine tolle „Spurenausstellung"!

Vertiefungsangebote   Winter

Die kleinen Schneeflocken
Geschichte

„Morgen geht es los!", sagt die Wolkenmutter zu den winzig kleinen Wassertröpfchen in der großen Wolke. „Morgen hat uns der Wind an die richtige Stelle geblasen, wo es kalt genug ist. Wo jetzt der Winter mit Eis und Kälte das Leben bestimmt. Ihr seid dann keine Wassertröpfchen mehr und fallt auch nicht als Regentropfen aus der Wolke. Nein, durch die Kälte werdet ihr alle zu kleinen Eiskristallen und seid Schneeflocken. Eure Farbe ist weiß, ihr seid leicht und zart und seht aus wie kleine Sterne. Der Wind wirbelt euch herum und lässt euch auf eurem Weg zur Erde tanzen. Dabei trefft ihr andere Eiskristalle, mit denen ihr dann zusammen eine Schneeflocke werdet.

„Flocken-Sterne und weiß und wunderschön?", fragt ganz ungläubig ein größerer Wassertropfen. „Wie soll das denn gehen? Ich kenne mich nur als Wasser- oder Regentropfen und etwas anderes möchte ich gar nicht werden!" „Malt uns dann jemand mit weißer Farbe an?", will ein anderer Tropfen wissen. „Tut das auch nicht weh?", fragt leise und ängstlich ein kleines Tröpfchen. „Muss ich das ganz alleine machen? Ich hab Angst davor!", traut sich eine anderer zu sagen. „Ihr braucht keine Angst davor zu haben", beruhigt sie die Wolkenmutter. „Ich bin bei euch. Und ihr werdet sehen, es wird euch sehr großen Spaß bereiten, so leicht durch die Luft zu gleiten und irgendwo unten auf der Erde einen Platz zu finden. Ihr liegt dann alle ganz dicht beieinander und deckt alles zu. Aber jetzt geht ganz schnell in eure Wolkenbetten und schlaft ein. Der morgige Tag wird aufregend genug."

An diesem Abend dauerte es eine ganze Weile, bis es still wurde in der großen Wolke und alle Wassertröpfchen in ihren Wolkenbetten eingeschlafen waren.

Früh, sehr früh am Morgen, werden sie von der Wolkenmutter geweckt. „Aufwachen, aufstehen, es ist so weit. Es geht los!", ruft sie. „Stellt euch alle an die Wolkentür. Dort begrüßt euch Väterchen Frost und verwandelt euch in wunderschöne glitzernde Eiskristalle. Dann springt wie immer einfach nur aus der Wolke heraus. Ihr werdet es merken, wie sich ein jeder von euch in eine leichte, weiße Schneeflocke verwandelt." Und los geht es! Wie immer gibt es an der Wolkentür ein Gedränge, da einige Tropfen immer die ersten sein wollen. Andere schubsen und schieben und können es kaum erwarten. „Langsam, nur langsam!", ermahnt Väterchen Frost. „Ihr kommt schon noch alle hier heraus." Die ersten sind mit einem lauten „Jucheee!" bereits hinausgesprungen und so langsam wird die Wolke leer. Doch da sitzt in einer Ecke noch ein kleines Tröpfchen und weint. „Ich will das nicht. Ich habe Angst. Ich trau mich nicht!", schluchzt es. „Komm her", sagt ein anderer Tropfen, „ich fasse dich an der Hand und wir springen zusammen los. Wir sind sowieso die letzten hier oben". Sie winken noch Väterchen Frost zu, der sie auf ihrem Sprung schnell in kleine Eiskristalle verwandelt. Hei, ist das schön! Sie treffen bei ihrem Fall auf andere kleine Eiskristalle, fassen sich an den Händen an und werden so immer größer zu leichten, zarten, weißen Schneeflocken. „Juchhuuu, wir schweben und tanzen!", hört man es überall auf dem Weg zur Erde rufen. „Ich will auf einem Hausdach landen!" „Ich will auf eine Kirchturmspitze!", „Ich will auf eine Fensterbank!", „Ich will auf einer Menschennase landen!", Ich will auf eine Tannenspitze!", „Ich will ..."

Alle fallen sanft und leicht auf die Erde nieder und finden ihren Platz. Die Erde ist eingehüllt in eine weiche, weiße, dicke Schneedecke.

Schneeflocken in Aktion
Bewegungsspiel mit Musik

Alle Kinder bewegen sich zur Musik als tanzende Schneeflocken im Raum. Sobald die Musik stoppt, benennt die Spielleitung einen Ort, an dem sie sich niederlassen sollen (z. B. Bank, Stuhl, Fußboden, Matte). Jede „Schneeflocke" versucht, schnell Platz zu nehmen.

Das Kind, das als Letztes diesen Platz erreicht, scheidet aus und ruft jetzt den Ort aus, an dem sich die Schneeflocken versammeln sollen. Wird das Wort „Schneeball" ausgerufen, setzen sich alle Schneeflocken schnell ganz dicht zusammen auf den Boden.

Vertiefungsangebote | Winter

Schneemann und Schneefrau
Sprech- und Spielvers

Herr Schneemann, Frau Schneemann, zieht euch nicht zu warm an!	*Die Kinder gehen als Schneemänner bzw. -frauen im Raum herum.*
Wenn ihr schwitzt, wird's euch ganz heiß, von der Stirn rinnt euch der Schweiß.	*Die Kinder bleiben stehen, wischen sich den Schweiß von der Stirn.*
Scheint die Sonne dann dazu, taut ihr weg, seid klein im Nu!	*Die Kinder mit Triangel spielen die Sonne: Schneemänner- und Schneefrauenkinder sinken langsam zu Boden.*

Spielablauf
Die Spielleitung teilt die Kinder in drei Gruppen ein: die Schneemänner, die Schneefrauen und Kinder mit Triangel. Sie spielen und bewegen sich entsprechend des Textes.

Die kleinen Forscher: Schneedetektive

Die Spielleitung geht mit den Kindern, nachdem es reichlich geschneit hat, hinaus und fordert sie auf: „Versucht einmal, die fallenden Schneeflocken zu fangen.
- Fangt sie mit den Händen, mit den Fingern, mit der Zunge.
- Wie fühlt sich der Schnee an?
- Ist es Pappschnee oder Pulverschnee?
- Legt ein warmes Backblech (Vorsicht mit Küchenhandschuhen) auf den Boden und beobachten was geschieht.
- Sucht die Stellen, an denen der Schnee ganz unberührt liegt. Betrachtet ihn durch die Lupe.
- Wie schwer ist der lose Schnee auf euer Hand, auf der Waage?
- Wie viele Schneebälle könnt ihr aus einem Eimer Schnee formen?
- Was geschieht mit euren Händen, wenn ihr den Schneeball länger in eurer Hand haltet?
- Wie viel Wasser entsteht, wenn ihr einen Eimer voll Schnee schmelzen lasst?
- Was geschieht, wenn ihr einen Schneeball im Schnee rollt?
- Hat es genug geschneit, um einen Schneemann, eine Schneefrau, eine ganze Schneefamilie oder irgendwelche anderen Schneefiguren zu bauen?

Schneemänner und Schneefrauen
Kreatives Malen

Doch auch ohne den Schnee und die erlebte Erfahrung des Bauens und Formens im Schnee können in sehr kreativen Gemälden Schneemänner und Schneefrauen entstehen. Die Spielleitung fordert die Kinder auf:
„Malt auf großen DIN A 3 Bögen blauen Fotokartons mit weißer Deck- und Gouachefarbe. Mit Borstenpinseln könnt ihr eure Schneemänner und Schneefrauen so aufmalen, verzieren und ausgestalten, wie es euch gefällt. Wer möchte, kann auch die fallenden Schneeflocken dazu malen oder die Winterlandschaft, in der sie stehen."
Die fertigen und trockenen Bilder können in einer Kindergartengalerie ausgestellt werden.

Vertiefungsangebote   Winter

Kleine Kerzen, große Kerzen ...
Gedicht und Lichtertanz

A **Klei**-ne **Ker**-ze, **klei**-nes **Licht**,
  leuch-te in der **Dun**-kel-**heit**.
  Klei-ne **Ker**-ze, **klei**-nes **Licht**,
  mach uns **hell** die **Win**-ter-**zeit**.

Die Innenkreiskinder stehen mit den Kerzen in Kreisform im Innenkreis und sprechen den Text, Blick zur Kreismitte.

B **Acht** Takte ruhige Musik im Schreit-Tempo.

Die Kinder gehen mit ihren Kerzen im Innenkreis mit acht Schritten in Kreisrichtung, am Ende die Musik anhalten.

C **Gro**-ße **Ker**-ze, **gro**-ßes **Licht**,
  ü-ber-**all** er-**strahlt** dein **Schein**.
  Gro-ße **Ker**-ze, **gro**-ßes **Licht**,
  ü-ber-**all** wird **Wär**-me **sein**.

Die Außenkreiskinder stehen mit den Kerzen in Kreisform im Außenkreis und sprechen den Text, Blick zur Kreismitte.

B s.o.

s.o.

D **Al**-le **Ker**-zen, **al**-les **Licht**,
  leuch-ten **hell** in **uns**-rem **Heim**.
  Al-le **Ker**-zen, **al**-les **Licht**,
  las-sen uns **jetzt** **fröh**-lich **sein**.

Beide Kindergruppen stehen mit den Kerzen auf den Kreislinien und sprechen den Text, Blick zur Kreismitte.

B s.o.

Zuerst gehen die Kinder im Innenkreis mit ihren Kerzen mit vier kleinen Schritten rückwärts in Richtung Außenkreis. Die Kinder im Außenkreis gehen mit ihren Kerzen in vier kleinen Schritten in Richtung Innenkreis - alle bilden einen gemeinsamen Kreis, am Ende die Musik anhalten.

E **Ad**-vents-**ker**-zen, **Ad**-vents-**licht**,
  eins und **zwei** und **drei** und **vier**,
  Weih-nachts-**ker**-zen, **Weih**-nachts-**licht**,
  Weih-nach-ten steht **vor** der **Tür**.

Beide Kindergruppen stehen mit den Kerzen auf einer Kreislinie, Blick zur Kreismitte und sprechen den Text.

B s.o.

Die Kinder gehen in acht Schritten in Kreisrichtung, drehen sich in kleinen Schritten um die eigene Achse, stellen das Kerzenglas langsam auf den Boden.

Spielablauf

Wechsel zwischen Sprechteil mit Text (A, C, D und E) und Bewegungsteil mit Musik (B= ruhige Schreitmusik mit jeweils acht Takteinheiten). Die Spielleitung teilt die Kinder in zwei Gruppen: Eine Gruppe Kinder sind kleine Kerzen = Innenkreis, die zweite Gruppe Kinder sind große Kerzen = Außenkreis. Kerzen (Teelichter) werden in Gläsern auf den Boden geklebt und von den Kindern mit dem Glas getragen.

Variante

Musikalisch geübte Kinder können den B-Teil auch eigenständig auf Stabspielen musikalisch begleiten.

Der müde Nikolaus
Entspannung/Geschichte

Ich möchte dir die Geschichte von dem müden Nikolaus erzählen. Du kannst dich dafür ganz bequem auf deine Matte legen und mir zuhören (weitere Vorbereitung s. „Die kleine Biene ruht sich aus", Seite 116):

Es war geschafft! Das Nikolausfest war vorbei. Alle Geschenke hatte der Nikolaus rechtzeitig ausgeliefert. Es war zwar wieder eine Heidenarbeit gewesen, doch mit Hilfe der Weihnachtsengel, der Winterfeen, der Plätzchenhexen und Knecht Ruprecht war alles ohne Probleme verlaufen. Jetzt war der Nikolaus müde, saß in seinem Ohrensessel und wollte sich nur noch ausruhen. Von der vielen Geschenkeschlepperei tat ihm der Rücken weh. Doch darum konnte er sich jetzt nicht kümmern, denn seine Freundin, die Plätzchenhexe Backerina hatte ganz überraschend ihren Besuch bei ihm angekündigt. „Was die nur von mir will?" überlegte er die ganze Zeit. „Sie weiß doch genau, dass ich nach dem Nikolaustag immer sehr erschöpft bin, zumal ich nicht mehr der Jüngste bin." Doch da klopfte es schon an seiner Tür. „Komm herein", rief er. „Die Tür ist offen. Du kennst den Weg." Die Plätzchenhexe Backerina kam herein, doch sie war nicht allein. „Ich habe meine Freundin, die Entspannungshexe Ruhdigunde mitgebracht. Wir alle haben gesehen, wie anstrengend deine Nikolausarbeit ist. Deswegen wollen wir dir auch eine Freude machen. Jetzt, nach getaner Arbeit, tut es dir sicher gut, wenn dir Ruhdigunde zeigt, wie du richtig gut entspannen und dich dabei erholen kannst. Sie ist Expertin für Entspannung. Und seit diesem Jahr bietet sie erstmals eine Nikolausentspannung an. Ich selbst möchte das auch lernen und darf zuschauen, wie sie das macht." Hocherfreut stimmte der Nikolaus diesem Angebot zu. „Das finde ich ja wunderbar", sagte er. „Wie geht das und was muss ich dabei machen?"; wollte er sogleich wissen. „Ganz einfach ist das", erklärte ihm Ruhdigunde, „Lege dich auf deinen Rücken hier auf diese warme Unterlage mit dem kleinen Kopfkissen. Mache es dir ganz bequem, decke dich mit deiner Wolldecke zu und höre auf meine Stimme. Du kannst dabei ruhig deine Augen schließen, wenn du das möchtest. Am Ende der Übung weckt dich das Aufwachglöckchen auf."

Froh über dieses schöne Geschenk legt sich der Nikolaus auf die mitgebrachte Entspannungsmatte und deckt sich mit der Decke zu. Und die Entspannungsfee Ruhdigunde begann mit ruhiger Stimme zu sprechen:

„Lege dich ganz entspannt hin. Lege dich so hin, dass du bequem liegen kannst, dass du dich wohl fühlst, dass es dir gut geht. Probiere aus, was für dich die beste Lage oder Position ist."

Der Nikolaus liegt ruhig und entspannt. Ruhdigunde sprach weiter: „Die Beine und Füße liegen ganz ruhig und entspannt. Die Arme liegen ganz ruhig und entspannt. Der Rücken liegt. ... Der Po liegt. ... Der Bauch liegt. ... Der Kopf liegt. ... Auch die Augen sind müde. Du kannst sie gerne schließen. Spüre deinen Atem, spüre, wie du durch die Nase ein- und durch den Mund ausatmest. Ein und aus, ein und aus. Immer wieder. Spüre, wie sich dabei dein Bauch ganz sanft bewegt, wie er sich hebt und senkt, wenn du ein- und ausatmest." Der Nikolaus spürt das alles und es gefällt ihm.

Dabei wird er so müde, dass er hinüber ins Traumland gleitet. Im Traumland ist es Sommer. Er ist auf einer grünen Sommerwiese und fühlt die angenehmen warmen Sonnenstrahlen auf seiner Haut. Er hört die Vögel zwitschern, riecht den Duft des Grases und der Blumen. Da hört er viele Kinderstimmen, die ihn rufen: „Nikolaus, Nikolaus, wir suchen dich. Wir haben ein Geschenk für dich!" Mehrere Kinder tragen einen kleinen Sack zu ihm hin. „Hier, das ist für dich. Dafür, dass du uns am Nikolaustag immer so schöne Nikolausgeschenke bringst." Der Nikolaus öffnet den Sack und holt die verpackten Päckchen heraus. Auf jedem steht tatsächlich sein Name geschrieben. Langsam packt er sie aus und freut sich sehr über das, was er darin findet.

In diesem Augenblick hört er das Aufwachglöckchen und wie Ruhdigunde seinen Namen ruft. Er wird wach, öffnet seine Augen, atmet tief ein und aus, rüttelt sich und schüttelt sich und setzt sich langsam hin. „Das war ja ganz wunderbar", sagt er sogleich zu Ruhdigunde und Backerina. „Mein Rücken tut mir gar nicht mehr weh und ich hatte sogar einen wunderschönen Traum. Ich war ..." Und er erzählt den beiden, was er in seinem Traum erlebt hat.

Auch du kannst jetzt wieder ganz wach werden, wenn du das Aufwachglöckchen hörst, kannst die Augen öffnen, tief ein- und ausatmen, dich recken und strecken, mit den Beinen und Armen zappeln und dich dann hinsetzen. Was meinst du, was der Nikolaus in seinem Traum von den Kindern geschenkt bekommen hat?

Die Tierweihnacht im Wald
Geschichte

„Gaaanz wichtig, gaaanz wichtig!", ruft das Wildschwein und rennt dabei sehr aufgeregt durch den Schnee im Wald. An jeden größeren Baum hängt es einen Zettel. Darauf steht: „Morgen, am 24. Dezember in der Abenddämmerung, treffen sich alle Tiere an der großen, alten Tanne! Es gibt eine Weihnachtsüberraschung! Bitte kommt alle und seid pünktlich!" Erstaunt lesen die Tiere, was auf dem Zettel steht. „Was kann denn da los sein?", wundern sich die Rehe. „Ob das nicht ein übler Scherz vom Wildschwein ist?" fragen besorgt die Hasen. „Morgen ist doch Weihnachten, da hat doch niemand Zeit!", sagen die Eichhörnchen. Aber neugierig wie sie sind, beschließen alle hinzugehen.

Am nächsten Tag machen sich alle Tiere auf den Weg zur großen Tanne. Vorneweg die Hirsche, dann die Rehe, die Dachse, Füchse und Waschbären. Mit einem sicheren Abstand zu den Füchsen laufen die Hasen, Eichhörnchen und Mäuse. Über ihnen fliegen die Vögel.

Den ganzen Tag hat es geschneit. An manchen Stellen liegt der Schnee besonders hoch. Doch jetzt ist der Himmel klar. Die Hasen und Eichhörnchen und ganz besonders die Mäuse haben es schwer, im tiefen Schnee vorwärtszukommen. Deswegen laufen sie auch am Ende der Reihe in den Spuren der anderen. Es dämmert schon und es wird nicht mehr lange dauern, bis es im Wald ganz dunkel geworden ist. Die ersten Sterne sind schon leicht blinkend am Himmel zu sehen. Doch was ist das? Kurz bevor sie die große Tanne erreichen, schimmert ein helles Licht zwischen den Bäumen hindurch. Ganz ungläubig und vorsichtig gehen sie weiter. „Woher kommt nur dieses helle Licht?", fragen sie sich. Hier mitten im Wald ist es doch eher dunkel! Und sie gehen noch vorsichtiger zwischen den Bäumen die letzten Meter weiter.

„Oooooh, wie schön!" rufen die Hirsche, die als Erste an der Tanne ankommen. „Unglaublich!" sagen die Rehe, die sich jetzt schnell an den staunenden Hirschen vorbeigedrängt haben. Dann sehen es auch all die anderen Tiere:

Vor ihnen steht die große, alte Tanne, vom Schnee befreit, wunderschön weihnachtlich geschmückt! Große Weihnachtskugeln glitzern überall. Lichterketten, die an den vielen Zweigen befestigt sind, erstrahlen in einem goldenen Licht. Unter dem Baum liegen viele große Pakete und kleinere Päckchen, eingepackt in buntes Weihnachtspapier. Neben dem Baum steht - und als die Tiere das sehen, wollen sie sofort wieder Reißaus nehmen - der alte Förster Meyer, den einige von ihnen kennen. Alle Wildschweine stehen friedlich und ruhig in Reih' und Glied neben ihm und schauen die erstaunten Tiere fröhlich an. „Halt, halt!", ruft ihnen schnell der Förster zu. „Habt keine Angst vor mir. Heute ist Weihnachten. Ich tue euch nichts. Und außerdem bin ich viel zu alt für die Jägerei. Kommt her, ich habe euch eine Weihnachtsfreude bereitet!" Und auch die Wildschweine rufen: „Bleibt da, er tut euch wirklich nichts! Wir haben ihm dabei geholfen, diese Weihnachtsüberraschung vorzubereiten." Und staunend kommen die Tiere näher. „Achtung, es geht jetzt los!", ruft da der Eber. Sofort ist es mucksmäuschenstill! Da beginnt der Wildschweinchor mit dem Förster als Dirigent Weihnachtslieder zu singen. Das klingt so wunderbar und schön, dass einigen Tieren Tränen aus den Augen kullern. Ganz feierlich und weihnachtlich ist es um den geschmückten Tannenbaum. Eine alte Sau singt sogar ein Weihnachtssolo. Zögerlich singen einige mutige Rehe mit und am Ende singen alle Tiere gemeinsam. Sie stampfen dazu mit ihren Füßen im Takt, die Hirsche und Rehböcke hängen sich Glöckchen in die Geweihe, die Eichhörnchen schlagen Nüsse aneinander und Füchse und Dachse trommeln mit ihren Schwänzen auf den Boden. Stellt euch vor, wie das durch den Wald geklungen hat! Lange ist dieses fröhliche Singen zu hören. „Jetzt könnt ihr eure Pakete und Päckchen unter dem Baum suchen. Und hier", Förster Meyer zeigt auf einen Hügel, der mit einer Plane abgedeckt war, die er jetzt wegzieht, „ist euer Weihnachtsessen. Damit möchte ich euch eine wunderschöne Weihnachtszeit wünschen!", sagt er.

Ihr könnt euch sicherlich vorstellen, wie schön es dort im Wald jetzt war. Alle waren fröhlich, wünschten sich frohe Weihnachten und ließen sich ihr Weihnachtsessen schmecken. Und ganz sicherlich könnt ihr euch auch vorstellen, welche Weihnachtsgeschenke in den Päckchen und Paketen für die Tiere verpackt waren...

Vertiefungsangebote Winter

Fasching der Tiere
Lied/Bewegungsspiel

Melodie in Anlehnung an:
Zehn kleine Negerlein ...

1. Der Elefant, sehr groß und stark läuft immer nur allein.
   Da ruft der Hund: "Ich komme mit! Jetzt sind wir schon zu zwei`n."

2. Das Krokodil kommt angerannt und sagt schnell: „Nehmt mich mit!"
   Wir geben ihm ganz schnell die Hand und sind jetzt schon zu dritt.

3. Der Löwe brüllt: „Was ist denn das? Ich will auch noch dazu!"
   Natürlich kann er mit uns gehn, so haben wir unsre Ruh!

4. Die Katze schleicht sich leise an: „Auch ich will mit euch gehn!
   Als Nummer Fünf komm ich jetzt mit, das werdet ihr schon sehn!"

5. „Ojemine, ojemine, das ist ja wie verhext."
   Die Ziege kommt schnell aus dem Stall und ruft: „Wir sind zu sechst!"

6. „Ich bin nicht weg zur Faschingszeit, ich bin zu Haus` geblieben.
   Ich komme mit", so sagt das Schwein, „ich bin die Nummer Sieben!"

7. Das Pferd, das kommt sehr aufgeregt und stellt hoch auf die Ohren:
   „Ich bin die Acht, wer hätts gedacht, fast hätt ich euch verloren."

8. „Als Neun bin ich sehr gern dabei, will weiter mit euch laufen."
   So sagt die große, braune Kuh, „Ich muss erst kurz verschnaufen!"

9. Am Ende kommt, ihr wisst es schon, die Maus als Nummer Zehn.
   „Ich setzt mich oben auf das Pferd, will nicht alleine gehn."

10. Und wenn sie alle müde sind, dann hört das Spiel jetzt auf;
    dann gehen alle ganz vergnügt und sehr entspannt nach Haus'!

Jedes einzelne Tier wird verabschiedet und geht dann nach Hause:

Die Maus geht nach Haus ...
Die Kuh geht nach Haus ...
Das Pferd geht nach Haus ...

Spielablauf
Die Kinder stellen sich im Kreis auf und spielen dem Verstext entsprechend. Das „Elefantenkind" beginnt und fordert die anderen Kinder auf, sich ihm anzuschließen.

Das kleine Schneeglöckchen Schneeweiß
Geschichte

Tief in der Erde verborgen ruhen die kleinen Schneeglöckchen, warm eingepackt in ihrem Knollennest. Sie liegen das ganze Jahr dort ruhig in der Erde und warten auf ihre Blütezeit im Januar und Februar, bis sie aus der Erde kommen können. Doch sobald die Tage wieder länger werden und die Sonne wieder wärmer auf die Erde scheint, merken sie das auch in der Erde, wachen auf und werden ganz unruhig. „Hey, warum zappelst du so herum?", will ein Glöckchen dort unten wissen. „Was ist los mit dir? Du hast mich aufgeweckt!" „Entschuldige bitte, aber ich bin so unruhig!" sagt das kleinste Glöckchen Schneeweiß. „Die Erde über mir ist warm und das hat mich geweckt. Jetzt kann ich nicht mehr still liegen. Ich glaube, der Winter ist fast schon vorüber. Wir sollten uns schnell auf den Weg nach oben machen. Sonst kommen wir noch zu spät in diesem Jahr und der Frühling ist schon vorbei! Auf, los, werdet alle wach!" Aber auch die anderen Schneeglöckchen wollen noch nicht wach werden. „Nein, nein, das ist uns zu früh! Wir wollen noch nicht aufwachen. Wir wollen noch weiterschlafen. Lass uns in Ruhe!", sagen sie, drehen sich um, und schlafen wieder ein. „Nächste Woche ist auch noch Zeit, wirft ein großes Schneeglöckchen ein. „Hier unten ist es so schön kuschelig! Dort oben sind wir noch lange genug. Was ist, wenn es noch schneit, wenn wir zu früh draußen sind? Dann können wir uns wieder die Köpfchen erkälten und unsere Stiele bekommen Stielweh! So wie im vergangenen Jahr! Nein, nein, das hat noch Zeit!" Sprach es und drehte sich um, um auch noch zu schlafen. „Was mach ich jetzt?", überlegt das kleine Glöckchen Schneeweiß. Schneeweiß ist noch ein ganz junges Schneeglöckchen, das neu gewachsen war. Es sollte seine erste Blütezeit in diesem Jahr sein. Ihr könnt euch vorstellen, wie aufgeregt es war! „Gut", dachte es. „Dann lege ich mich nochmals hin und warte ab!" Doch vor lauter Aufregung konnte es nicht mehr einschlafen. Es zappelte hin und her, drehte sich von einer Seite auf die andere, wackelte mit seinem Stiel, zappelte mit den Blättern. Es ging einfach nicht. „Ich gehe einfach alleine hoch!" entschied es sich. „Ich will jedenfalls die ersten Sonnenstrahlen nicht verpassen. Die sollen viel schöner sein, als alles, was es hier in der dunklen Erde gibt." Das hatte ihm nämlich seine Großmutter erzählt.

Vorsichtig und ohne die anderen zu wecken, begann Schneeweiß sich zu strecken und zu strecken. Immer größer wurde es dabei, bis, ja, bis es sein Köpfchen vorsichtig aus der Erde herausstreckte. Wow, war das schön! Es war sprachlos und ganz überwältigt! Es konnte kaum die Augen öffnen, so hell waren die Sonnenstrahlen. Und so wunderbar warm. Viel wärmer, als es sich das vorgestellt hatte. Sie kitzelten es an der Nase und es musste heftig niesen. „Hatschi, hatschi, hatschi, hatschi!" Viermal musste es niesen! Vorsichtig drehte es sein Köpfchen der Sonne zu. „Du kannst deinen Stiel weit aus der Erde herausstrecken und deine Blüte öffnen", hörte es die Sonnenstrahlen sagen. „Dann können wir dich überall bescheinen. Es wird dir gefallen. Jetzt, nach deiner langen Zeit in der dunklen Erde." Schneeweiß vertraute den Sonnenstrahlen, streckte sich weit aus der Erde heraus und öffnete langsam seine Blütenblätter. War das schön! Ein wunderbares Gefühl! Warm und angenehm! „Pass auf, kleines Schneeglöckchen", hörte es den Wind sagen. „Ich blase ganz sanft zu dir hin und du kannst dich dabei hin und her wiegen."
Auch das tat das kleine Schneeglöckchen. Und es ging ihm sehr, sehr gut dabei. Schnell holte es seine grünen Blätter dazu. „Wie froh bin ich, dass ich jetzt schon aus der Erde gekommen bin. So schön wie hier oben kann es dort unten gar nicht sein!", dachte es immer wieder. Und plötzlich verspürte Schneeweiß ein Zupfen und ein Ziehen an seinen Wurzeln. Da wusste es, dass jetzt gleich die anderen Schneeglöckchen kommen würden. Die hatten es bestimmt vermisst und waren doch neugierig geworden. Und ganz stolz und froh ließ es sich von der Sonne bescheinen und vom Wind hin und her wiegen.

Hinweis
Die Geschichte kann erzählt, gespielt oder als Entspannungsgeschichte erlebt werden. Wer möchte, denkt sich eine neue Geschichte dazu aus, z. B.: „Das Schneeglöckchen Schneeweiß bekommt Besuch".

Anhang

Register

Aktionen/Angebote	Jahreszeit	Seite
Bewegungsspiele		
Aufgewacht!	Frühling	22
Blindschleiche, Blindschleiche ...	Herbst	135
Bunte Frühlingsblumen	Frühling	28
Das Bienchen und die Blüte	Frühling	24
Die kleine Biene sum, sum, sum	Frühling	115
Der bunte Drache Augustin	Herbst	143
Der Hummeltag	Sommer	125
Der kleine Falter	Sommer	52
Erdbeeren	Frühling	40
Halloween-Späße	Herbst	144
Käfer Friedrich	Sommer	44
Kinder im Sommer	Sommer	64
Obstbäume	Frühling	34
Schneckentalente	Sommer	127
Schneeflocken	Winter	100
Schneeflocken in Aktion	Winter	150
Schnitter, Schnatter, Schnatterei!	Herbst	70
Spurensuche	Winter	98
Störche auf der Wiese	Frühling	113
Tiere im Winterversteck	Herbst	68
Wasserfest	Sommer	134
Wind und Blätter	Herbst	72
Entspannung		
Bienen und Blüten	Frühling	120
Der müde Nikolaus	Winter	153
Die kleine Biene ruht sich aus	Frühling	115
Die kleine Blindschleiche	Herbst	135
Die kleine Hummel	Sommer	125
Gewitter	Sommer	62
Kleines Schäfchen, ruh dich aus!	Frühling	114
Fingerspiele		
Das kleine Samenkorn	Frühling	32
Fünf kleine Kirschen	Sommer	131
Fünf kleine Schneeglöckchen	Winter	112
Gedichte, Geschichten, Geschichten erfinden		
Das kleine Schneeglöckchen Schneeweiß	Winter	156
Der müde Nikolaus	Winter	153
Die Biene Isabella	Frühling	120
Die bunten Regentropfen	Frühling	121
Die Gänse machen Urlaub	Herbst	136
Die kleine Nebelhexe Wallorina	Herbst	142

Aktionen/Angebote	Jahreszeit	Seite
Die kleinen Schneeflocken	Winter	150
Die schöne Kartoffel Isolde	Herbst	138
Die Schwäne Rosalinde und Oskar	Winter	148
Die Tierweihnacht im Wald	Winter	154
Die Zauberfee und die Buche	Herbst	137
Valentin, der Ostereier-Zauberer	Frühling	122
Winter auf dem Bauernhof	Winter	147
Wirrle, warrle, Hexenbein ...	Herbst	142
Wunderschöne Weihnachtszeit	Winter	108
Zappelhase Valentin	Frühling	122
Zauberschmetterlinge	Sommer	128
Gut zu wissen		
Advent	Winter	104
Apfelernte	Herbst	76
Der Löwenzahn	Frühling	26
Die Arbeit auf dem Feld	Frühling	30
Die Erdbeeren	Frühling	40
Die Honigbiene	Frühling	24
Die Hummel	Sommer	46
Fastnacht, Fasching, Karneval	Winter	110
Frühling	Frühling	18
Frühlingsblumen	Frühling	28
Getreide	Sommer	54
Getreideernte	Sommer	56
Halloween	Herbst	86
Herbst	Herbst	66
Herbstlaub	Herbst	72
Herbstnebel	Herbst	82
Jungtiere im Frühling	Frühling	22
Kartoffelernte	Herbst	74
Kastanien	Herbst	80
Kühe	Sommer	48
Marienkäfer	Sommer	44
Nikolaus	Winter	106
Nussernte	Herbst	78
Obstbäume	Frühling	34
Obsternte	Sommer	58
Ostern	Frühling	38
Regen	Frühling	36
Samenkörner	Frühling	32
Sankt Martin	Herbst	88
Schmetterlinge	Sommer	52
Schnecken	Sommer	50
Schnee	Winter	100

Aktionen/Angebote	Jahreszeit	Seite
Schneemann bauen	Winter	102
Schneeglöckchen	Winter	112
Schwäne auf dem Eis	Winter	96
Sommer	Sommer	42
Sommerfreuden	Sommer	64
Sonnenblumen	Sommer	60
Spuren im Schnee	Winter	98
Tiere bereiten sich auf den Winter vor	Herbst	68
Tiere im Winter	Winter	94
Unwetter	Sommer	62
Vogelfütterung im Winter	Winter	92
Weißstörche	Frühling	20
Weihnachten	Winter	108
Wind und Drachensteigen	Herbst	84
Winter	Winter	90
Zugvögel	Herbst	70

Instrumentalspiele		
Amseln, Meisen, Spatzen ...	Winter	92
Herbst	Herbst	84
Herr und Frau Klapperstorch	Frühling	20
Lauter Regentropfen	Frühling	36
Löwenzahn, Löwenzahn ...	Frühling	26
Sonnenblume, Sonnenblume ...	Sommer	60

Kleine Forscher/Naturbeobachtung, Wissen		
Äpfeldetektive	Herbst	139
Erdbeerdetektive	Frühling	123
Erddetektive	Frühling	118
Getreidedetektive	Sommer	129
Kastaniendetektive	Herbst	141
Kirschendetektive	Sommer	131
Löwenzahndetektive	Frühling	116
Marienkäferdetektive	Sommer	124
Ochse, Stier oder Bulle?	Sommer	126
Samen aussäen	Frühling	119
Samendetektive	Frühling	119
Schmetterlingsdetektive	Sommer	128
Schneedetektive	Winter	151
Sonnenblumendetektive	Sommer	132
Spurendetektive	Winter	149

Kreatives Schaffen		
Bunte Schneckenhäuser	Sommer	127
Buntes Regentropfenbild	Frühling	121
Der Riesenlöwenzahn	Frühling	116
Die Marienkäferversammlung	Sommer	124
Erntezeit	Herbst	140
Fantasievögel	Winter	146
Kartoffeldruck	Herbst	74
Körperbemalung mit Erdfarben	Sommer	134
Kürbislaterne	Herbst	144

Aktionen/Angebote	Jahreszeit	Seite
Malen mit Erdfarben	Frühling	118
Riesenblumen	Frühling	117
Schneemänner und -frauen	Winter	151
Spuren auf Papier	Winter	149
Zauberschmetterlinge	Sommer	128

Kreisspiele, Tänze		
Der flotte Kuh-Tanz	Sommer	48
Die Geister sind da!	Herbst	86
Ein kleiner Osterhase	Frühling	38
Fasching der Tiere	Winter	155
Faschingsfest der Gänse	Winter	110
Ich wär so gern ...	Sommer	126
Kirschen	Sommer	58
Kleine Kerzen, große Kerzen ...	Winter	152
Laternentanz	Herbst	145
Schmetterling du kleines Ding ...	Sommer	128

Lieder		
A, B, C ...	Winter	149
Advent, Advent ...	Winter	104
Der kleine rote Apfel	Herbst	76
Im Märzen der Bauer	Frühling	30
In meinem kleinen Apfel	Herbst	139
Nüsslein, Nüsslein ...	Herbst	78
Sankt Martin, Sankt Martin ...	Herbst	88
Wintertraum der Tiere	Winter	94

Rhythmische Spiele		
Getreidesorten	Sommer	54
Kartoffeln, Kartoffeln ...	Herbst	74
Roggen, Gerste, Hafer ...	Sommer	129
Rumpel, grumpel, Donnerschlag ...	Sommer	133
Schneckentraum	Sommer	50
Nikolaus, lieber Nikolaus ...	Winter	106

Sprachspiele		
Der Frühlingszwerg u. die Frühlingsblumen	Frühling	117
Der Mähdrescher	Sommer	56
Die Farben der Sonnenblume	Sommer	132
Die Gänse auf Reisen	Herbst	136
Die kleine Kastanie	Herbst	80
Erdbeeren, Erdbeeren ...	Frühling	123
Mähdreschergeräusche	Sommer	130
Nebel	Herbst	82
Schneemann	Winter	102
Schneemann und Schneefrau	Winter	151
Tiere im Winter	Winter	147
Vögel im Futterhaus	Winter	146
Was können Hummeln?	Sommer	46
Was machen die Schwäne?	Winter	96
Wintertraum der Tiere	Winter	94

Literaturhinweise

Bilderbücher

Berner, S. R.: Frühlings/Sommer/Herbst/Winter-Wimmelbuch. (Gerstenberg) 2012.
Burningham, J.: Ravensburger Kinderklassiker: Borka. Ravensburg (Ravensburger Buchverlag) 2013.
Carle, E.: Der kleine Käfer Immerfrech. Hildesheim (Gerstenberg) 2007.
Carle, E.: Die kleine Raupe Nimmersatt. Hildesheim (Gerstenberg) 2007.
Kasuya, M./Sakuma, T.: Der allerkleinste Tannenbaum. Kiel (Friedrich Wittig Verlag) 2015.
Kasuya, M./Watari, Y.: Der kleine Stern. Kiel (Friedrich Wittig Verlag) 2015.
KNISTER/ Tharlet, E.: ...das versprech ich dir. Bargteheide (MINEDITION) 2006.
Lionni, L.: Ein gutes Jahr. Weinheim (Beltz & Gelberg) 2014.
Lionni, L.: Frederick. Weinheim (Beltz & Gelberg) 2015.
Michels, T.: Es klopft bei Wanja in der Nacht. Hamburg (Heinrich Ellermann Verlag) 1985.
Möller, A.: Zehn Blätter fliegen davon. Stolberg (Atlantis Verlag) 2008.
Palanza, D.: Helma legt los. Hamburg (Oetinger) 2015.
Pfister, M.: Der Weihnachtsstern. Zürich (NordSüd Verlag) 2009.
Pflock, R.: Die Schlittenfahrt. Zürich (NordSüd Verlag) 2008.
Pflock, R.: So schön ist der Herbst. Zürich (NordSüd Verlag) 2009.
Sixtus, A.: Die Häschenschule. Esslingen (Schreiber-Verlag) 2004.
Stohner, A./Wilson, H.: Der kleine Weihnachtsmann. München (Carl Hanser Verlag) 2002.

Fachliteratur

Bezdek, M./ Bezdek, P.: Mit Kindern durch das Jahr. München (Don Bosco Medien) 2014.
Biermann, I.: Klara und die 24 Weihnachtsmäuse. Freiburg (Verlag Herder) 2008.
Grasberger, U.: Das Spiel-Spaß-Reime-Buch. München (Bassermann Verlag) 2013.
Freitag, B.: Meine Kreativwerkstatt. Wolnzach (Kastner AG – das medienhaus) 2012.
Hauck, E./Huboi, C.: sehen finden machen. Bern (Haupt Verlag) 2008.
Hohberger, M. F./ Ehlers-Juhle, J.: Klangfarben & Farbtöne. Münster (Ökotopia) 2008.
Joiner, N./ Rücker, D.: Malen, klecksen, zeichnen, pinseln. Münster (Ökotopia) 2014.
Nitsch, C./ Hüther, G.: Kinder gezielt fördern. München (Gräfe und Unzer Verlag) 2014.
Rögner-Schneider, M.: Entspannt durch den Frühling/Sommer/Herbst/Winter. Münster (Ökotopia) 2011.
Stollenwerk, A./Bestle-Körfer, R.: Das Kindergartenjahreszeitenbuch. Freiburg (Verlag Herder) 2008.
Zeuch, Ch.: Sitzt ein Zwerg auf dem Berg. Würzburg (Arena Verlag) 2002.

Über die Autorin

Monika Wieber ist Sozialpädagogin, Erzieherin, Entspannungstherapeutin und Systemische Familientherapeutin in freier Praxis. Als Zusatzqualifikation hat sie berufsbegleitend die Lehrbefähigung für rhythmisch-musikalische Erziehung erworben. Sie leitet Seminare und bietet u.a. Weiterbildungen in ihren beruflichen Schwerpunkten „Stressmanagement" und „Burnout-Prophylaxe" an. Aus ihrer langjährigen Arbeit mit Kindern resultiert die Veröffentlichung von drei Bilderbüchern, die sich auf den Umgang mit Gefühlen beziehen. In diesem Kontext entstand ein weiterer beruflicher Schwerpunkt der Sprachförderung und sprachlicher Integration von Kindern. Autodidaktisch und in Weiterbildungen setzt sie sich seit Jahren mit der Malerei und Fotografie auseinander.

ökotopia

Ute Schröder
DAS MITMACHGESCHICHTEN-BUCH
Spannende, bewegte, lustige, märchenhafte, ruhige und fantastische Geschichten zum Mitspielen für Kinder von 4-8 Jahren
ISBN 978-3-86702-213-2

Elke Gulden, Bettina Scheer
MUSIK-SPIEL-REISE INS GESCHICHTENLAND
Kinder erleben kunterbunte Geschichten in Liedern, Klängen, Reimen, Spielen, Tänzen und Kreativaktionen
ISBN 978-3-86702-133-3

Wolfgang Hering
KUNTERBUNTE FINGERSPIELE
Fantastisch viele Spielverse und Bewegungslieder für Finger und Hände
ISBN (Buch) 978-3-936286-98-4
ISBN (CD) 978-3-936286-99-1

Monika Krumbach
DAS SPRACHSPIELE-BUCH
Kreative Aktivitäten rund um Wortschatz, Aussprache, Hörverständnis und Ausdrucksfähigkeit
ISBN 978-3-936286-44-1

Volker Friebel, Marianne Kunz
RHYTHMUS, KLANG UND REIM
Lebendige Sprachförderung mit Liedern, Reimen und Spielen in Kindergarten, Grundschule und Elternhaus
ISBN (Buch) 978-3-936286-61-8
ISBN (CD) 978-3-936286-62-5

Heike und Werner Tenta
DAS GROSSE ABC-BUCH
Malen, Spielen, Basteln, Reimen rund um das Alphabet
ISBN 978-3-86702-043-5

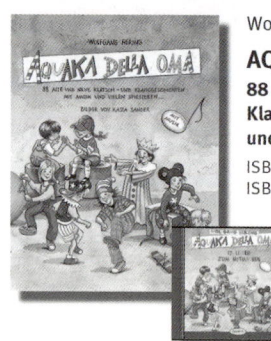

Wolfgang Hering
AQUAKA DELLA OMA
88 alte und neue Klatsch- und Klanggeschichten mit Musik und vielen Spielideen
ISBN (Buch) 978-3-931902-30-8
ISBN (CD) 978-3-931902-31-5

Brigitte Schanz-Hering
ENGLISCHE BEWEGUNGSHITS
Die englische Sprache mit Spiel, Rhythmus, Musik und Bewegung erleben und vermitteln. Mit Liedern von Wolfgang Hering
ISBN (Buch) 978-3-936286-50-2
ISBN (CD) 978-3-936286-51-9

Bleiben Sie in Kontakt

www.oekotopia-verlag.de